Conciliar el sueño

Alexander Rosacruz

Editorial Anuket

Contenido:

Capítulo 1
La importancia de
dormir bien

Datos importantes sobre el sueño

1. Ocho horas de sueño

A menudo escuchamos que necesitamos ocho horas de sueño al día. La recomendación proviene de organizaciones nacionales de salud de todo el mundo, desde el NHS del Reino Unido hasta la Fundación Nacional del Sueño de los EE. UU. Pero, ¿de dónde viene este consejo?

Los estudios realizados en diferentes países para determinar con qué frecuencia las enfermedades afectan a diferentes grupos de población han llegado a la misma conclusión: las personas que sufren de privación del sueño, al igual que las que duermen demasiado, son más susceptibles a múltiples enfermedades y tienen una vida media más corta.

Sin embargo, es difícil decir si los trastornos del sueño son la causa de la enfermedad o, por el contrario, un síntoma de un estilo de vida poco saludable.

"Muy poco sueño" por lo general significa menos de seis horas, y "demasiado sueño" significa más de nueve a diez horas. En general, se recomienda que los niños y los preadolescentes duerman hasta 10 horas, mientras que los bebés no superen las 18 horas al día. Shane O'Mara, profesor de investigación cerebral experimental en Trinity College Dublin, dice que si bien es difícil decir con seguridad si la falta de sueño es una causa o una consecuencia de la mala salud, ambas se influyen mutuamente.

Por ejemplo, las personas que no son conscientes de la importancia de la actividad física duermen peor, experimentan un mayor cansancio, y por tanto tienen menos energía para hacer ejercicio, etc. Los científicos han relacionado repetidamente la privación crónica del sueño (perder una o dos horas de sueño durante un largo período de tiempo) con la mala salud: no es necesario permanecer despierto durante días para notar los efectos negativos de la privación del sueño.

2. ¿Qué le sucede a tu cuerpo si no duermes lo suficiente?

La falta de sueño puede causar muchas enfermedades. Los resultados de 153 estudios en los que participaron más de 5 millones de personas vinculan claramente la falta de sueño con la diabetes, la presión arterial alta, las enfermedades cardiovasculares, las enfermedades coronarias y la obesidad.

Los estudios muestran que varias noches consecutivas de privación del sueño pueden provocar prediabetes en personas sanas. La privación moderada del sueño puede reducir la capacidad del cuerpo para controlar los niveles de azúcar en la sangre.

La falta de sueño reduce la efectividad de las vacunas y puede tener efectos devastadores en la inmunidad, dejándonos vulnerables a las infecciones. En un estudio, los participantes que dormían menos de siete horas tenían tres veces más probabilidades de resfriarse que los que dormían siete horas o más.

El cuerpo de las personas privadas de sueño produce un exceso de grelina (una hormona responsable del hambre) y una cantidad insuficiente de leptina (una hormona que promueve la saciedad y, por lo tanto, aumenta el riesgo de obesidad).

Un recordatorio para aquellos que esperan una buena noche de sueño: Dormir demasiado y dormir muy poco: dos caminos hacia una tumba temprana.

La falta de sueño también está relacionada con la reducción de la función cerebral e incluso con la demencia a largo plazo. Las sustancias tóxicas se acumulan en el cerebro durante el día y se liberan durante el sueño. Si hay falta de sueño, la condición es "similar a una conmoción cerebral leve". Los efectos del sueño excesivo no se conocen bien, pero se sabe que están relacionados con muchas enfermedades, incluido el daño cerebral en adultos mayores.

3. Diferentes tipos de sueño ayudan al cuerpo a recuperarse

Nuestro sueño consta de ciclos divididos en varias etapas. Cada ciclo dura de 60 a 100 minutos. Cada etapa juega un papel en los muchos procesos que tienen lugar en el cuerpo mientras dormimos.

La primera fase de cada ciclo es un estado somnoliento y relajado entre la vigilia y el sueño. La respiración y el ritmo cardíaco se ralentizan, y los músculos se relajan.

La segunda etapa es un sueño un poco más profundo en el que puedes dormir, pero al mismo tiempo crees que estás despierto. La tercera etapa es el sueño profundo, en el que es difícil despertar y cualquier movimiento del cuerpo es mínimo.

La segunda y la tercera etapa entran en la fase lenta del sueño y, por lo general, las personas no sueñan durante este tiempo. Después del sueño profundo, volvemos a la etapa dos durante unos minutos antes de entrar en el sueño REM, que a menudo se asocia con los sueños.

4. Los trabajadores por turnos con trastornos del sueño tienen más probabilidades de enfermarse.

El trabajo por turnos puede causar muchos problemas de salud. Los investigadores han descubierto que aquellos que trabajan por turnos y duermen muy poco en los momentos equivocados pueden tener un mayor riesgo de diabetes y obesidad. Una encuesta del NHS de 2013 encontró que los trabajadores por turnos tenían más probabilidades de calificar su salud como mala o regular.

Los investigadores también encontraron que las personas de este grupo eran significativamente más propensas a sufrir enfermedades crónicas que las que trabajaban en horarios estándar. Las estadísticas muestran que los trabajadores por turnos tienen muchas más probabilidades de faltar al trabajo debido a una enfermedad.

La brecha entre las personas que realizaban trabajo físico y mental era más amplia y la privación del sueño tenía un mayor impacto en las personas sedentarias.

5. ¿Es la falta de sueño una epidemia moderna?

A juzgar por la cobertura de los medios, uno pensaría que estamos en medio de una epidemia de privación del sueño. Pero, ¿realmente ha aumentado la privación del sueño?

La encuesta de 15 países pinta un panorama muy mixto. Los investigadores registraron una disminución en la duración del sueño en seis países, un aumento en siete, y otros dos informaron resultados contradictorios. Hay mucha evidencia de que la duración del sueño ha cambiado poco a lo largo de las generaciones. Sin embargo, surge una historia diferente cuando se pregunta a las personas cómo califican su calidad de sueño.

Entonces, ¿por qué tanta gente dice sentirse cansada? Esto puede deberse a que el problema afecta a ciertos grupos y las tendencias generales son difíciles de identificar. Los problemas del sueño varían según la edad y el género, según una encuesta de 2000 adultos británicos. En el camino, resulta que las mujeres de casi todas las edades sufren de falta de sueño con más frecuencia que los hombres. En la edad de la pubertad, los indicadores son más o menos los mismos, pero las mujeres comienzan a sufrir más por la falta de sueño, lo que puede estar relacionado con la presencia de niños.

6. No siempre dormíamos como ahora.

Con raras excepciones, la mayoría de las personas duermen siete u ocho horas por noche. Pero esa no siempre es la norma, dijo Roger Ekirch, profesor de historia en Virginia Tech. En 2001, publicó un artículo científico sobre los resultados de 16 años de investigación.

Su libro "Cuando termina el día" afirma que hace cientos de años la gente en muchas partes del mundo dormía cuatro horas, separada por un lapso de vigia.

Ekirch encontró más de dos mil testimonios en diarios, registros judiciales y literatura que prueban que las personas se acostaban poco después del anochecer, luego permanecían despiertas durante varias horas por la noche y se volvían a acostar.

Según él, esto significa que el cuerpo prefiere naturalmente el "sueño segmentado". No todos los científicos están de acuerdo con él. Algunos investigadores han encontrado que las sociedades modernas de cazadores-recolectores no tienen dos etapas de sueño, a pesar de que no tienen luz eléctrica. Sin embargo, el "sueño segmentado" no siempre es el valor predeterminado natural.

Según Ekirch, la transición del sueño bifásico al sueño monofásico ocurrió en el siglo XIX, cuando apareció la iluminación en el hogar y la gente comenzó a acostarse más tarde, despertándose a la misma hora que antes. Las mejoras en la iluminación llevaron a cambios en el reloj biológico, y la Revolución Industrial requirió que las personas fueran más productivas.

7. Los teléfonos móviles mantienen despiertos a los adolescentes

Los expertos en sueño creen que los adolescentes necesitan hasta 10 horas de sueño al día, pero casi la mitad de ellos duermen mucho menos, según cifras del sistema de salud del Reino Unido.

El dormitorio debería ser un lugar para relajarse, pero cada vez está más lleno de distracciones, como computadoras portátiles y teléfonos móviles. Todo esto complica el proceso de meterse en la cama.

Tenemos más variedad de entretenimiento que nunca, el resultado es la tentación de permanecer más despierto.

La luz azul que emiten los dispositivos electrónicos nos mantiene despiertos. Y la actividad en sí -hablar con amigos o ver la televisión- estimula nuestro cerebro cuando deberíamos estar descansando. Los expertos recomiendan practicar la "desintoxicación digital": apagar los dispositivos electrónicos 90 minutos antes de acostarse.

Las estadísticas muestran que la mayoría de los jóvenes continúan revisando sus teléfonos después de acostarse.

8. Más investigación sobre los trastornos del sueño

Cada vez más personas recurren a sus médicos por problemas de sueño. Cuando la BBC analizó los datos del sistema de salud del Reino Unido, descubrió que la cantidad de pruebas para detectar trastornos del sueño había aumentado cada año durante la última década.

Hay varios factores, pero la obesidad parece ser el más importante, dice el neurólogo Guy Leschziner. La queja más común, según su observación, es la apnea obstructiva del sueño, una interrupción de la respiración durante el sueño, que está estrechamente relacionada con el problema del exceso de peso.

Los medios de comunicación también han desempeñado un papel, ya que es más probable que las personas busquen terapia después de leer un artículo sobre problemas para dormir o buscar síntomas en Internet, dice.

El tratamiento recomendado para el insomnio es la terapia cognitiva conductual, y los médicos concluyen cada vez más que se deben evitar las pastillas para estos casos y buscar curas alternativas y naturales. Pero muchos todavía buscan la salida fácil de la medicación ya que no tienen acceso a tratamientos no médicos, especialmente fuera de las grandes ciudades.

9. "Alondras" y "Búhos"
Siempre hay gente "matutina" y "vespertina". Incluso tenemos evidencia genética para respaldarlo.

La luz artificial parece amplificar este efecto, especialmente para las personas a las que les gusta trasnochar. Si ya se es un ave nocturna, la luz artificial lo animará a quedarse despierto hasta más tarde.

Alrededor del 30% de nosotros tendemos a ser madrugadores, el 30% somos noctámbulos y el 40% restante se encuentra en algún punto intermedio, aunque todavía hay algunos que prefieren despertarse temprano que tarde. Al hacer esto, podemos controlar parcialmente nuestro reloj biológico. Aquellos que tienen la costumbre de levantarse y acostarse tarde pueden intentar adaptarse y obtener más luz del día.

Un equipo de investigadores seleccionó a un grupo de voluntarios en Colorado a quienes se les negó el acceso a fuentes de luz artificial. Y solo 48 horas fueron suficientes para adelantar su reloj biológico casi dos horas.

Los niveles de melatonina, una hormona que le dice al cuerpo que es hora de prepararse para dormir, comenzaron a aumentar antes en los voluntarios, y sus cuerpos comenzaron a prepararse para dormir más cerca de la puesta del sol.

10. Dormir bien mejora la memoria

Un buen descanso todos los días fortalece las conexiones nerviosas. Durante el sueño REM, el hipocampo, donde se almacenan nuestros recuerdos, se regenera y convierte los recuerdos a corto plazo en recuerdos a largo plazo. En la Universidad de Hafi (Israel), lo confirmaron con los resultados de un estudio que demuestra que una siesta de 90 minutos por la tarde ayuda a recuperar la memoria y la flexibilidad.

Noches de insomnio: posibles causas

No solo nuestra psicología, sino también nuestras funciones físicas afectan en gran medida el ritmo del sueño. Como resultado, muchas personas no pueden conciliar el sueño o permanecer dormidas si comen o beben demasiado de antemano. Algunas personas también son sensibles a la cafeína: un mayor consumo de café, té negro o refrescos de cola puede causar insomnio. Por lo tanto, estas causas se pueden descartar fácilmente. Lo mismo ocurre con la falta de actividad física: si no hace suficiente actividad física a diario, también puede tener un efecto negativo en su sueño.

La mala circulación sanguínea en el cuerpo, los músculos flojos o tensos y las articulaciones rígidas pueden causar inquietud. La buena noticia es que no necesita hacer ejercicios cardiovasculares o de fuerza para cansarse. Caminar antes de acostarse ayuda bastante. Sin embargo, las causas más comunes del insomnio son los problemas psicológicos (depresión o ansiedad) y el estrés. Sus desencadenantes pueden ser profesionales o personales y son más difíciles de manejar que los ya mencionados. Sin embargo, debe hacer todo lo posible para llegar a la raíz del problema y encontrar una solución. Los consejos de los siguientes capítulos le ayudarán.

Capítulo 2
Consejos para conciliar el sueño

Dormir bien es importante para la salud. Quienes duermen mal por la noche a menudo sienten los efectos durante el día. Dormir bien es importante porque afecta su estado de bienestar y es un requisito previo para restaurar su cuerpo después de un día duro. Pero... no todos los durmientes desarrollan insomnio. Solo cuando hay cambios permanentes en la calidad y duración del sueño se le llama trastorno del sueño. La concentración y el rendimiento al día siguiente pueden verse afectados.

Las causas de los trastornos del sueño incluyen, por ejemplo, depresión, trastornos respiratorios y pulmonares o dolor difuso. Las condiciones de vida también juegan un papel, ya que el estrés excesivo y el comportamiento del consumidor afectan el sueño. Los pacientes que no pueden conciliar el sueño o se despiertan con frecuencia durante la noche y tienen dificultades para conciliar el sueño buscan soluciones convincentes.

Las cosas que suenan fáciles a veces no son tan efectivas. La razón puede ser una mala higiene del sueño.

Hay muchos factores que afectan nuestro sueño. Esto también se debe a que nuestra conciencia no se apaga por completo durante el sueño. Por ejemplo, percibimos dolor, ruido o brillo. Desafortunadamente, esto puede afectar en gran medida la calidad del dormir. Una consecuencia de esto es que nos despertamos a la mañana siguiente sintiéndonos exhaustos, aún cansados y completamente fuera de forma. Pero la buena noticia es que muchos trastornos del sueño se pueden mejorar minimizando los factores negativos como el ruido, las luces brillantes o un ambiente incómodo para dormir. Al practicar una buena higiene del sueño, tendrá un mejor sueño reparador.

Cómo funciona el sueño: neurotransmisores y mensajeros
Fórmula estructural de la norepinefrina

Diferentes áreas del cerebro están involucradas durante el sueño. Afectan nuestro ciclo de sueño y vigilia al liberar ciertas sustancias mensajeras. Los más importantes de estos mensajeros son:

• Norepinefrina
Tiene un efecto activador en el cerebro y por lo tanto aumenta el estado de alerta. Las benzodiazepinas bloquean el transporte de norepinefrina al cerebro anterior. Por lo tanto, pueden usarse como ayudas para dormir en casos de insomnio severo.

• Adenosina
Esta es una sustancia que te cansa. Se derrama cuando nos hemos quedado despiertos hasta tarde. La adenosina inhibe los neurotransmisores activadores como la norepinefrina.

• Melatonina

La melatonina también promueve el sueño. Pero la luz brillante suprime la producción de melatonina. Por eso dormimos mejor en la oscuridad. Los niveles de melatonina aumentan y alcanzan su punto máximo por la noche A medida que envejece, el cuerpo produce menos melatonina. La melatonina en sí no es un sedante, aunque tiene un efecto similar. En cambio, es un temporizador: la melatonina elevada le dice que es hora de ir a la cama.

Consejos para conciliar el sueño

Consejo 1: Siéntase cómodo

Cree un ambiente para dormir en el que se sienta relajado: una cama cómoda, un buen colchón, una posición correcta para acostarse y la temperatura adecuada para dormir, ni demasiado caliente ni demasiado fría.

Una buena pauta es mantener las habitaciones alrededor de los 18 grados. Cualquier persona que esté incómoda, tenga frío, los pies helados o sudorosos, debe ajustar su pijama, mantas o temperatura ambiente. Además, los pijamas ajustados pueden dificultar el conciliar el sueño y causar insomnio.

Su dormitorio debe ser un lugar acogedor. Por lo tanto, dormir bien también está relacionado con la elección de la cama y la comodidad al acostarse. Si no puede dormir por la noche, también puede deberse a una almohada equivocada.

Las personas que tienen problemas con los músculos del cuello, los hombros o incluso la columna vertebral podrían usar una almohada de espelta. A diferencia de las almohadas tradicionales, estas almohadas están rellenas de granos y se amoldan a la cabeza, el cuello y los hombros con cada movimiento. El relleno de la almohada de espelta es transpirable y permeable al aire, por lo que la humedad se puede absorber y transportar de manera óptima.

Con respecto a las mantas, son recomendables las que contienen perlas de vidrio o bolas de plástico duraderas, hipoalergénicas y no tóxicas que pesan sobre el edredón. Ejercen una profunda presión sobre el sistema nervioso autónomo y tienen un efecto calmante. Las llamadas "mantas pesadas" son mucho más pesadas que las mantas normales: su peso extra puede calmar a los pacientes ansiosos y estresados. Pero también se supone que ayudan con los trastornos del sueño: la llamada presión profunda hace que la manta de terapia se sienta mejor, como un abrazo acogedor, estimulando así la producción de serotonina y permitiendo que el cuerpo encuentre la paz interior.

Si comparte una cama, es posible que tenga que comprometer la firmeza del colchón. Pero las superficies que son demasiado blandas o demasiado duras pueden perturbar el sueño. Si el colchón es demasiado firme para que duerma cómodamente, puede usar un cubre colchón suave. Por un lado, el colchón queda mejor protegido, por otro lado, se vuelve un poco más blando sin perder firmeza.

La temperatura y la humedad del dormitorio también afectan la calidad del sueño. Asegúrese de que el aire no esté demasiado seco. Si siente frío por la noche y no quiere abrir las ventanas, puede usar un humidificador en el dormitorio para evitar que el aire se seque.

Además, la temperatura de la habitación no debe ser ni demasiado fría ni demasiado caliente, ya que un clima interior inadecuado también puede provocar trastornos del sueño. Especialmente en verano, la habitación puede calentarse mucho debido a la penetración del sol. Por lo tanto, las cortinas deben correrse incluso durante el día. Las cortinas con aislamiento térmico son las mejores para mantener la habitación caliente en invierno y fresca y cómoda en verano. Además, estas cortinas se oscurecen de forma fiable y también son útiles para todos los durmientes que prefieren la oscuridad para dormir mejor.

Consejo 2: Disfrute del lado luminoso de la noche
La luz fuerte con una intensidad de 5 mil a 10 mil lux es definitivamente buena para el cuerpo. Secretamos serotonina, que tiene funciones activadoras y antidepresivas.

Desventajas: la luz brillante acorta la duración del sueño porque la serotonina suprime la melatonina. Cuando sale el sol por la mañana, las cortinas oscuras o una máscara para los ojos pueden prolongar el sueño. No hay nada de malo en leer en la cama con poca luz. Incluso puede ayudarlo a quedarse dormido si la lectura no es demasiado extenuante. Incluso el sexo no es un asesino del sueño, por el contrario, tiene un efecto relajante.

Consejo 3. Encienda su smartphone en modo noche

¿A menudo se queda despierto hasta tarde para consultar el correo electrónico y las últimas noticias? Lo mejor de todo: la luz de los teléfonos inteligentes y las tabletas es tan cegadora como la luz del sol. La razón es que la alta proporción de luz azul en la pantalla suprime la producción de melatonina en el cerebro. Por lo tanto, es mejor apagar el teléfono por la noche.

Si no puede vivir sin su teléfono inteligente junto a su cama, use el modo nocturno. Reduce la activación de la luz azul de longitud de onda corta entre 450 y 480 nanómetros, por lo que la producción de melatonina se suprime menos.

Consejo 4: Tómelo con calma

No deberíamos estar haciendo estas cosas en la cama: Escribir un correo electrónico rápido a un colega, pedir un regalo en línea o mirar televisión. Para la relajación es contraproducente, ya que nuestro cerebro asociará las actividades estresantes o emocionantes con lugares de descanso, y no logrará dormir.

Necesita descansar antes de acostarte. Los rituales regulares pueden ayudarlo a hacer esto. Cree un ritual nocturno que le ayude a relajarse. Puede ser, por ejemplo, un baño placentero o una meditación. El ritual de la tarde debería ayudar a ocultar las influencias externas y las experiencias del día. Cuanto más se entienda a sí mismo y a sus necesidades, más podrá estar presente y libre del estrés cotidiano. Los medios como la televisión, las computadoras o los teléfonos inteligentes también pueden distraer. Apague deliberadamente estos dispositivos por la noche y deje de pensar en lo que se está perdiendo.

Escuche a su cuerpo y luego duerma cuando esté cansado. Si tiene problemas para conciliar el sueño, un horario regular para acostarse puede ayudar a que su cuerpo se acostumbre a un horario establecido para que pueda dormir mejor.

A muchas personas les gusta escuchar programas de radio o podcasts para ayudarlos a conciliar el sueño. Si usted es uno de ellos, intente dejarlos, al menos temporalmente. Incluso los programas de radio más inofensivos requieren una escucha cuidadosa y pueden hacer que las personas inquietas no logren desconectarse. Si el silencio no es lo suyo, puede utilizar los sonidos de la naturaleza. El sonido de la lluvia o del mar (ruido blanco) es bien conocido y popular. Puede escuchar este audio de forma gratuita desde varios proveedores de transmisión o usar un pequeño altavoz con sonidos preestablecidos.

Necesitamos descansar para dormir. Puede verse perturbado por el ruido, por ejemplo, si el dormitorio está en una calle concurrida. Entonces es hora de cerrar las ventanas o usar tapones para los oídos para reducir el nivel de ruido. Las actividades emocionantes antes de acostarse también pueden resultar contraproducentes. Estos incluyen actividades deportivas, emocionantes juegos de computadora o entretenidas películas de acción. Aumentan la frecuencia cardíaca, la presión arterial y la frecuencia respiratoria, e impiden el descanso. Incluso puede ser estresantes, y su mente aún puede girar en torno a los juegos de computadora durante mucho tiempo cuando ya está en la cama y pretende dormir. Esta situación debe ser evitada. En su lugar, confíe en el ejercicio autógeno o lea un libro.

Consejo 5: Cree un ritual antes de dormir

Si tiene problemas para conciliar el sueño por la noche, puede poner su cuerpo en modo de hibernación teniendo un ritual regular antes de acostarse. Este podría ser establecer una hora fija para acostarse, ejercicios de relajación o una sabrosa y tranquilizante taza de té de lúpulo.

Debe mantenerse alejado de las pastillas para dormir tanto como sea posible. Pueden volverse muy adictivas en unas pocas semanas. Si ha estado tomando pastillas para dormir durante cinco a diez años, por lo general toma ese tiempo para dejarlas. En el caso de la adicción, puede ser difícil dejar de tomar pastillas para dormir de repente porque los síntomas de abstinencia pueden aparecer de inmediato. Además, las pastillas para dormir suprimen la etapa importante del sueño REM. Hable con su médico que le puede ayudar.

Cuando el cerebro ya no asocia la cama con un lugar de descanso, sino con tensión, esta mala asociación puede eliminarse con un truco. Los psicólogos llaman a esto control de estímulos: acuéstese solo cuando esté cansado. Si todavía está despierto después de unos 10 a 15 minutos, muévase a otra parte de la casa. No inicie actividades emocionantes ni encienda luces brillantes. No vuelva a dormir hasta que estés cansado.

Si el sueño aún tarda mucho en llegar, levántese de nuevo, pero solo cuando surjan preocupaciones.

Cualquiera que esté mentalmente relajado puede permanecer acostado, según nuevos hallazgos en la investigación del sueño.

No importa cuánto tiempo le haya llevado quedarse dormido, levántese a la misma hora por la mañana y no duerma durante el día. Si sigue las instrucciones durante unas dos semanas, las noches tranquilas volverán a estar a la vista.

Consejo 6: Evite el alcohol, la cafeína y comer en exceso

Cuando se trata de dormir mejor, a menudo se menciona la higiene del sueño. Comience con obtener los nutrientes adecuados. Cualquiera que tenga problemas para dormir debe evitar las bebidas con cafeína como el café, el té negro o las bebidas cola durante al menos cuatro horas antes de acostarse. Lo mismo se aplica al consumo de alcohol, ya que puede acortar la fase de sueño profundo y hacer que el durmiente se despierte temprano. Comer comidas copiosas también puede causar problemas para dormir. No es bueno dormir cuando se está lleno, después de todo el cuerpo todavía está ocupado con la digestión. Lo mejor es comer algo ligero por la noche o no comer durante unas dos horas antes de acostarse.

A veces, una copa de vino por la noche puede ayudarle a conciliar el sueño. Sin embargo, demasiado alcohol puede mantenerlo despierto toda la noche porque estimula la sudoración, la deshidratación relacionada con el alcohol (xerosis) y, por lo tanto, la sed y, por último, pero no menos importante, aumenta el consumo de alcohol. En el caso del alcoholismo, también existe la abstinencia, que también despierta al afectado.

Las comidas pesadas también pueden interrumpir el sueño porque el cuerpo tiene que trabajar más para digerirlas. Los carbohidratos y las proteínas son más fáciles de digerir que los alimentos grasos.

El café y los refrescos con cafeína tampoco favorecen el sueño. La cafeína es un antagonista de la adenosina que induce el sueño y, dado que la cafeína ocupa los mismos receptores que la adenosina, también suprime la fatiga o el deseo de descansar.

Antihistamínicos, melatonina y compañía. Las pastillas para dormir nunca deben ser la primera opción, pero pueden ayudar por un corto tiempo. Tenga cuidado, algunos analgésicos también contienen cafeína.

Consejo 7: evite las siestas

Los adultos que duermen lo suficiente por la noche generalmente no necesitan siestas durante el día. Esto no es malo en sí mismo, pero puede ser el culpable de una mala noche de sueño. Descansar demasiado por la tarde también puede hacerle sentir más cansado después. Nunca tome una siesta de más de 20 a 30 minutos, al menos cuatro horas antes de acostarse a la noche. Una siesta también funciona cuando está sentado; lo principal es que puede desconectar posibles factores perturbadores, como el timbre del teléfono.

Resumiendo, si toma una siesta regularmente, pero a menudo duerme mal por la noche, es mejor saltarse la siesta.

Consejo 8: ejercicio al aire libre

También pueden ocurrir problemas de sueño si la liberación de adenosina no se estimula lo suficiente durante el día. El ejercicio produce adenosina. Una caminata al aire libre puede ser suficiente para ayudarlo a deshacerse del cansancio de la noche y la necesidad de descansar. Las caminatas cortas también son más fáciles de incorporar a su rutina diaria, por ejemplo, durante la hora del almuerzo.

Un trabajo de tiempo completo y una vida familiar estresante pueden ser exigentes y no siempre se logra ocuparse de las propias necesidades en la vida cotidiana. Sin embargo, el ejercicio suficiente es importante para un sueño reparador. Porque si no se mueve lo suficiente durante el día, a menudo se siente inquieto por la noche. Integre el deporte o una caminata nocturna en su vida diaria para hacer ejercicio regularmente. Las personas que trabajan en la oficina y rara vez se levantan de su escritorio se benefician de este consejo en particular y encuentran más paz antes de irse a la cama.

Consejo 9: Los alborotadores

Su compañero de cama ronca, el gato quiere salir, los autos conducen demasiado rápido en la calle cercana, la luz de la ventana ilumina el dormitorio, nuestros pies se congelan: hay muchos factores que afectan lo bien que dormimos. El ruido de los aviones puede afectar la calidad del sueño, pero aquellos que poseen una actitud más positiva hacia el vuelo son más tolerantes al ruido de los aviones. El aire acondicionado demasiado frío o caliente también puede perturbar el sueño. La temperatura ideal es entre 16 y 18 grados centígrados. Los tapones para los oídos, las máscaras para los ojos y las cortinas o persianas pueden ayudar si le molestan el ruido y la luz. Sin embargo, no permita que la habitación se oscurezca por completo, de lo contrario, el cuerpo perderá la luz de la mañana como una señal para despertar; entonces se vuelve más difícil levantarse de la cama. Si tiene problemas para dormir debido a su pareja, no tenga miedo de mencionárselo para buscar una solución.

Consejo 10: Detenga el carrusel de los pensamientos

Mucha gente repasa el día en la cama, piensa en próximas citas o en problemas en el trabajo. Esto puede ser molesto y evitar que duerma. Luego, surge una segunda ola de cavilaciones: "¿Por qué no puedo volver a dormirme?" El temor de volver a estar despierto la noche siguiente aumenta: un círculo vicioso. Cualquiera que no pueda salir de esto por sí mismo debería pensar en la terapia conductual.

Tómese un tiempo durante el día para escribir un diario, planificar el trabajo o las citas. Escriba los pensamientos: así es como se los saca de su cabeza. Haga un esfuerzo consciente para no quedarse dormido, sino para mantenerte despierto. Esto puede aliviar la presión de tener que dormir de inmediato.

Muchos se quedan dormidos más rápido con este método que si realmente insisten en dormir.

¿Conoce el ruido blanco?

Este es un tono, por ejemplo, se lo percibe cuando está escuchando la radio y quiere cambiar de emisora. Estos sonidos están diseñados para estimular sus sentidos y brindarle la relajación que necesita para una buena noche de sueño. Esta ayuda para dormir para adultos incluso incluye diferentes sonidos, como la lluvia, las olas del mar o el canto de los pájaros.

O puede quedarse dormido con un metrónomo ligero: Este aparato proyecta una luz azul en el techo en la cual debe enfocarse. Si se expande, inhale; si se contrae, exhale de nuevo. La respiración controlada está diseñada para ayudarlo a cansarse y quedarse dormido más rápido. El dispositivo se apaga automáticamente después de 8 o 20 minutos.

La melatonina es la hormona del sueño que controla nuestro ritmo circadiano: normalmente sube cuando oscurece y vuelve a bajar cuando sale el sol. Esta es también la razón por la que muchas personas están especialmente cansadas en invierno. ¿Por qué suplementos dietéticos como Hypnozan? Están diseñados para estimular la producción natural de melatonina para prevenir la privación del sueño.

Se dice que el olor a lavanda tiene un efecto calmante en nuestro cuerpo. Según el fabricante, cuando se huele en la almohada, proporciona una gran relajación y alivia el estrés. La niebla de lavanda consiste en agua de lavanda de la más alta calidad y aceite de lavanda 100% puro.

Escuche el reloj interno de tu cuerpo

Nuestro cuerpo es sorprendentemente consciente de esta "normalidad": ¿quién no se ha sorprendido con su "reloj biológico" cuando se despierta por la mañana antes de que suene el despertador? Muchas personas mantienen su ritmo habitual incluso cuando pueden dormir hasta más tarde los fines de semana. Los hombres especialmente tienen dificultad para romper el ritmo del sueño y la vigilia. Como resultado, a menudo se despiertan a la misma hora los fines de semana. Las mujeres son generalmente más flexibles y pueden dormir más los sábados y domingos.

Pero, ¿qué sucede cuando nos vemos obligados a romper nuestros ritmos biológicos, por ejemplo, porque trabajamos de noche, viajamos a diferentes husos horarios o cambiamos los relojes entre otoño y primavera?

El turno de noche es más adecuado para los búhos. Cuando se trata de trabajo nocturno, se debe hacer una distinción entre el trabajo nocturno permanente y el trabajo por turnos. Las personas generalmente toleran bien los turnos de noche a largo plazo. Porque el ritmo del sueño simplemente cambia de la noche al día. Los llamados búhos están destinados a ese trabajo, es decir, personas que prefieren la actividad nocturna activa y, naturalmente, duermen hasta tarde.

La historia es diferente si los turnos de día y de noche cambian con frecuencia: si dichos turnos de trabajo no se planifican adecuadamente, quien los practique puede enfermarse crónicamente. En áreas profesionales donde los turnos de noche son frecuentes, se aplica una recomendación: no más de tres turnos de noche consecutivos.

Además, en estos casos es importante rotar "con el reloj": es decir, del turno de mañana al siguiente, pero un turno de tarde; del turno de tarde al siguiente, pero un turno de noche.

Evite el desfase horario al cambiar de zona horaria y al viajar

Muchas personas, cuando vuelan a una zona horaria diferente, como un destino en los Estados Unidos, enfrentan mejor el desfase horario al dirigirse hacia el oeste. Los días se hacen un poco más largos en el oeste, por lo que una siesta en el avión suele ser suficiente para establecer un ritmo bastante decente.

Los itinerarios hacia el este, como Asia, se complican aún más por los ritmos del sueño. Los días son cada vez más cortos allí y muchas personas tienen problemas para dormir. Dependiendo de la duración de su viaje, puede ser mejor saltarse la noche. Por ejemplo, hay una diferencia horaria de cinco horas entre Buenos Aires (Argentina) y Madrid (España), lo que significa cinco horas menos de luz diurna o cinco horas menos de oscuridad (dependiendo de cuándo salga de su punto de partida).

Los cambios de tiempo en primavera y otoño son relativamente sencillos. Para las personas a las que a menudo les resulta difícil cambiar de ritmo, lo mejor es empezar a hacerlo una o dos semanas antes del cambio de horario. Basta con acostarse temprano o unos minutos tarde todos los días. Además del desfase horario, existen otras formas en las que los ritmos biológicos pueden alterarse durante los viajes. Lo sabemos: el vuelo de vacaciones sale temprano en la mañana y nos apresuramos al aeropuerto en medio de la noche con nuestras maletas. En tales casos, ¿podemos dormir temprano para no llegar completamente agotados a las vacaciones?

Hay dos cosas que normalmente no se pueden forzar: los sentimientos y los sueños de otras personas. Puedes intentar conciliar el sueño antes de lo habitual, pero para hacerlo, debes aplicar un poco de presión para conciliar el sueño. Especialmente si realmente lo quieres, no funcionará.

Descartar enfermedad

Los desequilibrios hormonales son la causa física de los problemas del sueño. Sin embargo, también pueden ser malos compañeros para la insuficiencia renal, enfermedades respiratorias y cardiovasculares, o condiciones neurológicas como la demencia. La depresión, la ansiedad y la adicción a menudo acompañan o preceden a los trastornos del sueño. Además, el síndrome de piernas inquietas puede causar hormigueo en las piernas, y algunos medicamentos pueden dificultar el sueño. Los roncadores con apnea del sueño a veces ni siquiera se dan cuenta de que se despiertan con tanta frecuencia porque han dejado de respirar: puro estrés para el corazón.

Póngase en contacto con su médico si tiene problemas de sueño muy graves y persistentes o si tiene sueño durante el día, incluso si se acuesta tarde por la noche.

¿Se puede recuperar el sueño perdido?

Por el contrario, es difícil compensar el sueño "perdido", por ejemplo, después de una noche de insomnio, simplemente durmiendo el doble. Pero tampoco es necesario: el cuerpo regula la falta de sueño con la ayuda del sueño "profundo". Después de una noche de insomnio, se obtiene lo que más se necesita del próximo sueño: una buena noche de sueño. No siempre dormimos más la noche siguiente por falta de sueño, pero sí dormimos "más profundamente": la proporción de sueño profundo durante nuestro ciclo de sueño aumenta significativamente, especialmente en la primera mitad de la noche.

Entrenamiento del ciclo del sueño

En una escala más pequeña, todos tenemos la capacidad de ajustar nuestros patrones de sueño. Pero, ¿pueden las personas entrenarse específicamente para dormir menos? En la década de 1970, un equipo de investigadores de California dirigido por la investigadora del sueño Laverne Johnson indagó esta cuestión en un estudio.

Se analizaron a tres pares de "durmientes normales" que dormían ocho horas por noche. De un mes a otro, se los hizo dormir 30 minutos menos cada noche. Aunque los participantes a menudo se sintieron cansados durante el experimento, su desempeño permaneció sin cambios. Lo que es particularmente interesante: después del experimento, las tres parejas perdieron un promedio de seis horas y media de sueño. Siempre que se pueda tolerar la fatiga diurna, se puede entrenar diferentes comportamientos de sueño en pequeños pasos durante un período de tiempo más largo. Sin embargo, tales experimentos no se recomiendan sin la supervisión de un especialista.

Aprender a relajarse

Ya sea por el estrés diario o por el pánico de despertarse nuevamente en la noche, puede ser difícil conciliar el sueño cuando se está estresado. Diferentes técnicas de relajación pueden ayudarle a lograr una mayor paz interior. Cuando se usan correctamente, pueden hacer que el cuerpo reaccione: los estudios han demostrado, entre otras cosas, que los músculos se relajan, la respiración se vuelve más fácil y la presión arterial baja. Las técnicas establecidas incluyen la relajación muscular progresiva y el yoga.

También vale la pena probar el ejercicio autógeno, la meditación, el tai chi o el qigong. Todos esos métodos requieren un poco de paciencia; es mejor practicarlos regularmente todos los días.

No mire el reloj y no cuente el tiempo de sueño por la noche. Le ejerce demasiada presión. Además, la cantidad de sueño que todos necesitan es diferente.

Cómo puede ayudar la terapia conductual

A muchas personas les resulta difícil conciliar el sueño por la noche. El principal problema suele ser el miedo al insomnio. Esto puede convertir el insomnio en una condición crónica.

La terapia conductual suele ser útil para tratar el insomnio. Los investigadores del sueño recomiendan la terapia conductual centrada en el sueño. Es superior al tratamiento farmacológico a largo plazo. Después de todo, las pastillas para dormir no son una cura, si deja de usarlas, el insomnio volverá; por lo que no se recomiendan para tratamientos a largo plazo.

Muchos dicen: "¿Qué se supone que debo hacer aquí? No duermo bien, pero no estoy loco". Sin embargo, la terapia cognitiva conductual es muy efectiva, independientemente de si la depresión está presente al mismo tiempo o si es "simplemente" insomnio crónico.

La terapia ayuda a remodelar las cogniciones (pensamientos, imágenes, percepciones) que conducen al insomnio. La situación del estudio es clara: con ayuda psicológica se puede volver a salir del insomnio.

¿Qué es el insomnio? Es un problema crónico para conciliar el sueño y permanecer dormido que ocurre en las personas afectadas al menos 3 veces a la semana durante al menos tres meses.

¿Qué sucederá durante el tratamiento? El terapeuta usa un diario de sueño y un análisis de comportamiento para un diagnóstico detallado. La terapia incluye técnicas de relajación, ya que el miedo al insomnio suele ser el principal problema. Los terapeutas utilizan la técnica anti-rumia (persistencia mental de ciertos pensamientos) para tratar de desafiar los pensamientos que acosan a las personas por la noche.

El terapeuta explica las reglas de higiene del sueño y elimina las falsas expectativas: no hace falta que sean ocho horas la noche. También utilizan dos técnicas específicas: "control de estímulos" (para inducir el sueño) y "restricción del sueño". Este último acorta la hora de acostarse a cinco horas en casos extremos. El objetivo es reducir el tiempo, a menudo largo, que los afectados permanecen despiertos. Debido a las noches más cortas, la presión para dormir aumenta enormemente: se duerme rápidamente y la persona se queda dormida. Luego, la ventana de sueño se extiende nuevamente hasta que se encuentra la hora de acostarse adecuada.

¿Cuánto dura el tratamiento? Unas 25 lecciones. Algunas personas necesitan menos. Otros duermen mejor después, pero si el problema persiste, se necesita más tratamiento.

¿Dónde se puede llevar a cabo dicha terapia conductual? Con psicoterapeutas, estos pueden ser médicos o psicólogos, y en centros de medicina del sueño que se especializan en problemas para conciliar el sueño y dormir toda la noche. Las compañías de seguros de salud corren con los costos si los terapeutas tienen una licencia de seguro de salud. Sin embargo, los tiempos de espera suelen ser largos.

Remedios naturales para dormir

¿Sufre de insomnio y busca una ayuda natural para dormir?

Según la investigación, un tercio de los adultos tienen problemas para conciliar el sueño todas las noches. Los motivos pueden ser varios: estrés en el trabajo, ansiedad ante los exámenes o problemas familiares. Las noches pueden ser tan agotadoras que se convierten en una pesadilla. Antes de que su médico le recete pastillas para dormir para ayudarlo a recuperarse por la noche, pruebe uno de estos métodos naturales y no adictivos.

1. La valeriana como ayuda natural para dormir
La valeriana es quizás una de las hierbas medicinales más conocidas por sus propiedades sedantes e hipnóticas. Porque las sustancias mensajeras de la

valeriana estimulan ciertas áreas del cerebro que proporcionan relajación. Se puede usar con té de valeriana o tabletas de valeriana.

Nota: si desea usar valeriana para tratar sus trastornos del sueño, no espere que su sueño mejore de inmediato. Debe tomar valeriana durante un período de tiempo más largo, generalmente al menos dos semanas, para que pueda sentir los efectos.

Muchos preparados con valeriana advierten en el prospecto que no se ponga al volante después de tomarlos. Así que espere unas horas para eso.

2. El toronjil como ayuda natural para dormir

El toronjil es también uno de los somníferos naturales por sus propiedades sedantes. El citral y el aceite de citronela son los responsables de esto. También puede usarlos como té de toronjil o como remedio de venta libre con lúpulo y valeriana.

3. El lúpulo como ayuda natural para dormir

El lúpulo también puede ayudarlo a conciliar el sueño y tener una noche de descanso. Puede tener efectos similares a la hormona del sueño melatonina, pero esto no ha sido probado científicamente. Se bebe mejor como lúpulo: ya sea en una bolsa preparada o en un cuerno de lúpulo con agua vertida sobre él. Esta ayuda natural para dormir a menudo se combina con otras hierbas como el bálsamo de limón (toronjil) o la valeriana.

Nota: El lúpulo también se encuentra en la cerveza; sin embargo, la cerveza no ayuda con el insomnio debido al alcohol. Los estudios han demostrado que el alcohol no promueve el sueño, por el contrario: se duerme menos profundamente y sin descanso, incluso si se duerme más rápido al principio.

4. Lavanda como ayuda natural para dormir

El aceite de lavanda tiene propiedades ansiolíticas y antidepresivas. Usted también puede beneficiarse de esta ayuda natural para dormir. Compre o haga una bolsa de lavanda y guárdala junto a su almohada. También puede comprar aceite de lavanda y aplicar 2-3 gotas sobre su manta, media hora antes de acostarte.

Capítulo 3
Luchar contra los ronquidos

¿Qué ayuda a prevenir los ronquidos? Consejos para los afectados

El sueño reparador es importante para el bienestar y la salud. Entonces, si el nivel de ruido por la noche impide un sueño reparador, los ronquidos pueden convertirse en una verdadera carga.

Los afectados a menudo descubren que roncan por la noche cuando un familiar se lo cuenta. Sentirse cansado y tener la garganta seca por la mañana también es parte de ello. Aunque los ronquidos no se consideran una enfermedad, pueden ser una prueba de estrés para quienes la padecen y sus parejas. Pero, ¿qué ayuda a prevenir los molestos ronquidos? Varios métodos y productos ayudan en este sentido.

Roncar: posibles causas

Cuando duerme por la noche, todos los músculos de su cuerpo se relajan. Para poder respirar con tranquilidad, la lengua y la faringe se mantienen ligeramente tensas (la función de la faringe es separar la boca de la cavidad nasal y actuar como una válvula que controla la entrada a la cavidad nasal, evitando que los alimentos sólidos o líquidos entren en la nariz mientras come). Las personas que roncan sufren de debilidad de los músculos del cuello (falta de fuerza o tensión) que estrecha las vías respiratorias superiores. Las personas afectadas tienen que inhalar y exhalar con mayor esfuerzo, provocando que el aire fluya por las vías respiratorias con mayor presión. La úvula y el velo del paladar vibran, característicos de los ronquidos.

Los ronquidos también pueden ser causados por una úvula alargada, amígdalas agrandadas o pólipos nasales. También hay causas a corto plazo, como síntomas de resfriado y fiebre del heno. Factores como fumar y beber alcohol también pueden afectar el sueño. Los que duermen boca arriba también tienden a roncar fuerte porque en esta posición la lengua está ligeramente inclinada hacia atrás bajo la influencia de la gravedad, lo que estrecha la garganta. Por lo tanto, muchas ayudas están diseñadas para evitar la posición supina durante el sueño. A medida que envejecen, las mujeres roncan con la misma frecuencia que los hombres.

Estadísticamente hablando, los hombres jóvenes roncan más a menudo que las mujeres. Muchas personas odian admitirlo, pero la verdad es que casi uno de cada dos adultos ronca regularmente a medida que envejece. Para aquellos que se despiertan con el más mínimo sonido, el nivel de ruido constante es una verdadera prueba de paciencia. Aunque más hombres roncan a una edad temprana y los estudios científicos incluso lo prueban, las mujeres roncan a medida que envejecen. Cuanto más relajados se vuelven nuestros músculos y tejidos conectivos, más probable es que nuestra garganta haga ruidos fuertes por la noche. Pero, aunque no sea culpa nuestra que durmamos como una motosierra, los vecinos de los departamentos contiguos se inquietan por la noche.

Cinco formas de dejar de roncar

Algunos de los siguientes dispositivos antirronquidos suenan exóticos, como un anillo antirronquidos basado en la acupresión china, mientras que otros son más clásicos, como los dilatadores nasales. Las decisiones de compra siguen siendo una cuestión de opinión personal, por lo que todos los involucrados deben encontrar personalmente la ayuda adecuada para ellos.

• Dilatadores nasales

Es un pequeño clip de silicona con bolas magnéticas en cada lado que se empuja dentro de la fosa nasal. Está diseñado para dilatar las fosas nasales, facilitando que la persona afectada inhale y exhale.

•Parche nasal

Alternativamente, también puede usar un yeso nasal para tratar de dejar de roncar. Simplemente se pega al puente de la nariz y también está destinado a ensanchar las fosas nasales para mejorar la respiración durante el sueño. Aunque el efecto de extensión es significativamente menor que con un dilatador de entrada nasal, es muy fácil de usar. Además, el adhesivo de los parches puede causar irritación en la piel. En ese caso debe interrumpir el tratamiento.

• Férula mandibular

Los aparatos ortopédicos para la mandíbula ofrecen otra herramienta terapéutica para abordar las causas anatómicas de los ronquidos. Se dice que inclinar la mandíbula ligeramente hacia adelante por la noche mejora la respiración mientras duerme para que la lengua no se deslice demasiado por la garganta. Hay boquillas para evitar roncar de venta libre, pero aún mejor es una férula que sobresale (también conocida como MAD) hecha a medida por su cirujano oral.

• Almohadillas antirronquidos

La almohada antirronquidos de altura ajustable está diseñada para ayudar a los pacientes a dormir de lado, ya que la úvula y el paladar blando vibran con especial fuerza cuando están acostados boca arriba. La forma especial de la almohada hace que la cabeza esté en una posición más favorable, lo que permite respirar mejor por la noche y evita los ronquidos. Esta almohada para el cuello básicamente hace lo mismo que un chaleco para dormir: debe evitar que los durmientes se den vuelta y ronquen fuerte. Esto es gracias a su forma ergonómica y curvatura, que proporciona un soporte ideal para la cabeza y el cuello. Esto a su vez significa que la persona involucrada adopta una posición más relajada al dormir, lo que también debería reducir los ronquidos.

• Chaleco contra los ronquidos

El chaleco antirronquidos ganó mayor notoriedad en 2016 durante el espectáculo de puesta en marcha "The Lion's Den". Según el fundador Markus Ruf, el chaleco está diseñado para evitar que los durmientes giren mientras duermen. Estando boca arriba, el nivel de ruido durante los ronquidos aumenta significativamente. El chaleco es útil para dormir de lado.

• Anillo anti-ronquidos

Si está interesado en la acupresión china, este remedio antirronquidos en particular podría ser para usted. El anillo es de tamaño ajustable para adaptarse a diferentes personas y está hecho de acero inoxidable. Según el fabricante, debe colocarse el anillo en uno de sus dedos meñiques media hora antes de acostarte. Gracias a su forma especial, activa los puntos de acupuntura china para garantizar un sueño reparador. Según las opiniones de los clientes, el ruido no se puede eliminar por completo, pero sí se reduce.

• Cinta antirronquidos

La electroestimulación, por otro lado, se usa para prevenir los ronquidos relacionados con la posición, especialmente en la espalda. Se coloca alrededor del pecho y la espalda, se fija y se enciende. Los dos electrodos en la espalda deberían detectar automáticamente cuando el durmiente se da la vuelta. Para evitar que empiece a roncar, los electrodos emiten un impulso eléctrico, al que idealmente usted reacciona de forma que automáticamente vuelve a ponerse de lado y continúa durmiendo.

• Tapones contra los ronquidos

Dependiendo de qué lado quiera dormir, el enchufe del cable se insertará en el oído correspondiente. Responde al sonido de los ronquidos, así como a las vibraciones transmitidas a través del cráneo. Tan pronto como detecta una de estas dos señales, envía un impulso al oído. Puede ser tono o tono más vibración. Se activa repetidamente hasta que se produce la recuperación, abriendo las vías respiratorias y reduciendo los ronquidos.

• Medios de protección auditiva

Los tapones para los oídos de silicona son simples pero efectivos. Porque si su pareja ronca y no mejora, solo sirve para disimular las molestias nocturnas, por lo que lo mejor es utilizar tapones para los oídos cómodos y reutilizables.

Deje de roncar, puede hacerlo usted mismo

Varios factores pueden contribuir a los ronquidos, como una laringe agrandada, amígdalas agrandadas o pólipos nasales. Del mismo modo, el uso de alcohol y somníferos puede provocar una relajación muscular excesiva. Entonces, el nivel de ruido por la noche está influenciado no solo por las características anatómicas, sino también por nuestro propio comportamiento (consumidor). En otras palabras, dejar de roncar depende en parte de usted. Lo único que tienes que hacer es seguir estos consejos:

La obesidad es una de las principales razones por las que la gente ronca. Así que asegúrese de hacer suficiente ejercicio y comer una dieta balanceada. Incluso unas pocas libras perdidas pueden tener un efecto positivo en su comportamiento de ronquido.

¿Se fue a dormir con el estómago lleno? Entonces probablemente tuvo una noche muy inquieta. Ciertamente no fue menos malo para su media naranja, ya que el estómago lleno fomenta los ronquidos. Por lo tanto, es mejor no comer demasiado por la noche.

¿Sabías que el uso de nicotina puede irritar las membranas mucosas, hacer que se hinchen y dificultar la respiración? Dado que los fumadores a menudo roncan, se debe interrumpir o reducir su consumo.

Como mencionamos, el alcohol relaja los músculos de la garganta para roncar. Por lo tanto, debe dejar de beber alcohol unas horas antes de acostarse.

Lo mismo ocurre con los somníferos, que relajan el paladar blando y favorecen así los ronquidos. Evite los sedantes si es posible y si no son médicamente necesarios.

Finalmente, el ambiente para dormir también afecta los niveles de ruido. Mantenga las habitaciones frescas y ventiladas regularmente. También se recomienda acostarse siempre a la misma hora, para que su cuerpo se adapte más fácilmente al ritmo del sueño.

Capítulo 4
Pesadillas

Otro tema de gran preocupación para los científicos son las pesadillas. Los científicos han llegado a una conclusión inesperada: los sueños de miedo son beneficiosos. Curiosamente, por ejemplo, hay datos que confirman que las personas que tienen pesadillas se adaptan mejor a la vida que las personas que no las tienen. ¿porque? Porque es una representación multimedia de la situación, valoración del riesgo (tanto físico como emocional) y búsqueda de solución. Si una persona, Dios no lo quiera, ve una pesadilla en la que se enfrenta a una situación angustiosa y la afronta más adelante en la vida, seguramente estará más preparada para afrontarla. O viceversa, primero la situación perturbadora, luego la pesadilla, tratando de recuperarse del dolor en el sueño. En este último caso, estamos hablando de sueños obsesivos o sueños postraumáticos.

Todos los científicos están de acuerdo en una cosa: las imágenes que vemos en nuestros sueños contienen alguna información. Y su análisis puede facilitar enormemente la solución de muchos problemas de la vida. Uno de los primeros en hacerse esta pregunta fue Sigmund Freud. La tarea del psicoanalista es revelar a sus pacientes el verdadero significado de sus sueños. Según él, la mayoría de los sueños son deseos conscientes reprimidos y, por supuesto, también tienen un significado sexual. Su alumno Carl Gustav Jung creía que las alusiones sexuales eran menos importantes. Según él, los sueños ayudan a revelar rasgos de carácter en nosotros que pueden estar ocultos en la realidad. Los investigadores modernos de los sueños no tienden a ceñirse a ningún concepto clásico. Pero casi todo el mundo está de acuerdo en que los sueños nos dicen algo importante.

Análisis de los sueños

El análisis de los sueños está más cerca del psicoanálisis. Es una cosa absolutamente maravillosa. Puede usarlo sin contraindicaciones. Es utilizado con éxito por neurólogos que lo utilizan con fines médicos. No analizan los sueños como sueños, usan tales imágenes nocturnas para obtener información sobre problemas psicológicos humanos.

Pero no todo es tan simple. Las imágenes que vemos en nuestros sueños solo pueden ser descifradas por nosotros mismos. Uno asociará la felicidad con una imagen, mientras que otro la asociará con una imagen completamente diferente. Ningún experto, sin conocer bien a la persona, podrá jamás interpretar correctamente este sueño.

Por ejemplo, si una persona asocia algo con el peligro: algún tipo de situación, algunos eventos, etc., la próxima vez que la sensación subconsciente de peligro se manifieste se ajustará con esa asociación. Vale decir, si usted les teme a los ladrones que se aprovechan cuando está tomando sol en la playa, y en un descuido le roban la billetera; quizás, cuando este durmiendo y sienta temor por algún otro hecho que le ocurrió durante el día, posiblemente sueñe que le están robando en la playa.

Las prácticas religiosas y espirituales más antiguas ven el sueño como una forma de autoconciencia y curación. Muchas tribus que han conservado sus tradiciones ancestrales aún utilizan los sueños para resolver sus problemas.

Hay una tribu llamada "Senoi de Malasia". A mediados del siglo XX, antropólogos y psicólogos se interesaron por esta tribu. ¿Porque? Porque no hay enfermedades mentales en esta tribu. Bueno, todavía no existen. Comenzaron a estudiar por qué sucedía esto. Descubrieron que los Senoi tienen un hábito muy especial: manipular sus sueños. Los habitantes de esta tribu no distinguen la realidad de los sueños. Para ellos no existe un límite claro directo entre estos dos estados. Por las mañanas comienzan con el hecho de que todos los miembros de la familia se reúnen y comienzan a hablar sobre sus sueños.

El representante principal de la tribu les explica a los más jóvenes qué pueden simbolizar el sueño, a qué le deben prestar atención y qué hacer la próxima vez en una situación similar. Por ejemplo, si el niño dice haber soñado que era atacado por un oso, en el próximo sueño se lo insta a pedir ayuda a los otros integrantes de la aldea y atacarlo, y así vencer el miedo. (ver cap.6)

Cómo enfrentarlas

Las pesadillas son experiencias desagradables que pueden perturbar nuestro sueño y causar estrés y ansiedad al despertar. Aunque las pesadillas son comunes, pueden ser preocupantes si se experimentan con frecuencia o son extremadamente vívidas e intensas.

Hay varias técnicas que puede utilizar para tratar las pesadillas:

Identifique los orígenes de la pesadilla: Piensa en qué eventos, pensamientos o situaciones pueden haber desencadenado sus pesadillas. Si puede identificar y evitar esos desencadenantes, es menos probable que las experimente.

Cree un ambiente relajante antes de dormir: Dedique tiempo para relajarte antes de dormir. Esto puede incluir tomar un baño tibio, leer un libro o escuchar música suave. También es importante asegurarse de que su dormitorio sea un ambiente tranquilo y cómodo.

Practique técnicas de relajación: La meditación, la respiración profunda y la relajación muscular progresiva son técnicas que pueden ayudar a reducir el estrés y la ansiedad antes de dormir. Estas técnicas también pueden ayudarle a calmarse si se despierta por una pesadilla.

Registre sus sueños: Llevar un diario de sueños puede ayudarle a identificar patrones y desencadenantes de pesadillas. También puede ayudarle a procesar sus sueños y a reducir la ansiedad que pueda sentir al despertar de una pesadilla.

Busque ayuda profesional: Si sus pesadillas son frecuentes y surgen de su vida diaria, es posible que desee buscar ayuda de un profesional de la salud mental. Un terapeuta puede ayudarle a procesar sus sueños y a desarrollar estrategias efectivas para manejar tus inquietudes nocturnas.

Capítulo 5
Que son los sueños

Cada noche cuando nos quedamos dormidos, nos encontramos en uno de los mundos más misteriosos: el mundo de los sueños. En una era de descubrimientos científicos increíbles, todavía no sabemos mucho sobre nuestros sueños. ¿Con qué sueñan los niños no nacidos? ¿Cómo descifrar los secretos de los sueños? ¿Los sueños son controlables? Durante siglos, la gente ha soñado con resolver este misterio de lo que nos sucede todas las noches. Desde la década de 1800, los científicos han estado tratando de comprender qué es el sueño y qué le sucede a nuestro cuerpo mientras dormimos.

Durante mucho tiempo se pensó que el sueño era necesario para el resto del cerebro. Esta idea se abandonó rápidamente después de que aprendieron a registrar la actividad de las neuronas en la corteza del cerebro del animal durante el sueño y la vigilia. Resultó que las neuronas del cerebro no solo no descansaban durante el sueño, sino que a menudo, por el contrario, comenzaban a trabajar más activamente que cuando los sujetos estaban despiertos.

Las neuronas son células cerebrales que generan impulsos eléctricos complejos y controlan el movimiento en todo el cuerpo. Durante el día, analizan las señales que recibimos a través de nuestros sentidos: oído, vista, olfato, gusto y tacto. Pero, ¿qué hacen por la noche? Esta pregunta ha desconcertado a los investigadores del sueño. Cerramos los ojos y las imágenes dejan de aparecer. Elegimos un lugar tranquilo y cómodo que no sea perturbado por ruidos fuertes. Pero eso no es todo.

Hasta la fecha, existen varias teorías que explican qué hace nuestro cerebro durante el sueño. Según uno de ellos, analiza la información recibida durante el último día. Esto es lo que explica la aparición de ciertas imágenes que se forman en los sueños.

Los sueños son una especie de análisis libre de lo que nos sucedió durante el día. Además, esta no es una presentación real de información, sino, por regla general, una especie de análisis subconsciente de imágenes. Además, surgen tales asociaciones libres. Es decir, podemos volar en un sueño, y esto no nos molesta en absoluto.

Sí, podemos movernos en el espacio, no tenemos la sensación interna de que esto sea imposible. Es decir, todo es posible allí, ¿no?", dice Roman Buzunov, jefe del departamento de medicina del sueño del sanatorio Barvikha, "Y el cerebro, tal vez, mira la información de diferentes maneras y piensa qué hacer con ella: analizar, olvidar, guardar. Esto es, ya sabe, traducido al lenguaje moderno, una especie de limpieza del disco duro. Es decir, "deposición". en la memoria a largo plazo, borrando la memoria de acceso aleatorio. Por la mañana, el cerebro vuelve a estar listo para recibir información"

Además de esta teoría, existe otra, desarrollada recientemente por científicos rusos y confirmada, a diferencia de todas las demás, por una serie de experimentos exitosos. Según ella, las neuronas cerebrales que analizan la información del mundo exterior durante el día pasan a comprobar el estado de nuestros órganos internos durante la noche.

Pero si el sueño es un análisis del funcionamiento de los órganos internos del cuerpo, ¿qué son los sueños y cómo surgen?

Así que empezamos a quedarnos dormidos. La conciencia está inactiva. La interferencia del mundo exterior está bloqueada. El cerebro analiza las señales que le envían los órganos internos. Ahora, imaginemos que una de estas señales de afuera (un olor, un ruido) especialmente poderosa, lograra colarse a través de las barreras que ha puesto nuestro cerebro y entrar en el área que se encarga de la percepción, las emociones, las sensaciones y las acciones conscientes durante el día.

Al fin y al cabo, es esta parte de nuestro ordenador de a bordo la que está prácticamente inactiva por la noche. Y solo una señal que rompe accidentalmente los bloques del cerebro puede despertarla.

Los contactos que bloquean la conciencia son contactos químicos. Este no es el botón de encendido. Estas son sinapsis químicas que no se cierran por completo. Cambiaron el umbral. Sin embargo, si la señal es muy fuerte, puede superar este umbral. Y ahora señales muy fuertes saltan sobre estos umbrales y vuelan hacia la zona de nuestra conciencia. Vuelan a algún lugar y disparan cierta neurona allí. Y esta neurona, cuando está en estado excitado, solo puede conectarse con objetos, símbolos que manipulamos todos los días. Por lo tanto, los sueños siempre han sido combinaciones de experiencias.

¿Regla o coincidencia?

Los científicos creen que las señales que logran superar todos los obstáculos y entrar en el área de nuestra conciencia activan las neuronas más excitables, las que trabajan al final. Por lo tanto, la mayoría de las veces soñamos con eventos del día anterior, problemas que nos aquejan antes de irnos a dormir o personas en las que pensamos el día anterior.

Aun así: ¿Por qué tenemos sueños particulares sobre episodios específicos? De toda la información que recibimos a lo largo del día, ¿cómo absorbe exactamente el cerebro lo que nos envía en nuestros sueños? Estas preguntas siguen sin resolverse. En lo que respecta a la fisiología de los sueños, sigue siendo más o menos el lado oscuro del planeta, si se me permite decirlo. Desafortunadamente, no podemos registrar los sueños, solo podemos confiar en la palabra del soñador.

¿Cuándo empezamos a soñar?

La investigación muestra que incluso antes del nacimiento. Resulta que los fetos pasan la mayor parte del tiempo durmiendo en el útero. Pero, ¿qué información puede analizar una persona no nacida?

Una vez que se forma el cerebro en el útero de la madre, el feto comienza a ver. Hay al menos algunos cambios en el cerebro que son característicos de un niño no nacido está soñando.

¿Por qué a veces se dice que las personas recuerdan cosas de la vida que casi con certeza no pudieron ver? Podría ser que el mensaje que recibió proviniera de la memoria de su madre, con la cual estaba conectado. Pero, por supuesto, este argumento no está muy bien probado. No podemos preguntarle a un niño nacido: "Bueno, ¿qué es lo que sueñas?"

La mayoría de los científicos creen que absolutamente todo el mundo puede soñar. No todos los recuerdan. En primer lugar, depende de la etapa del sueño en la que se despierta una persona.

El sueño se divide en etapas rápidas y lentas. El sueño de movimientos oculares rápidos, o sueño REM, como se le conoce comúnmente, ocurre al final de cada ciclo de sueño (nuestro ciclo de sueño es de 1,5 horas). El período más fuerte de sueño REM ocurre por la mañana.

¿Por qué se necesita soñar?

El sueño REM se alterna con el sueño lento. En promedio, esta alternancia se repite de cuatro a seis veces por noche. Esto significa que cada noche tenemos un promedio de cinco sueños. Si nos despertamos durante el sueño REM, recordaremos el sueño. Si se despierta durante el sueño NO REM, lo más probable es que asegure de que no soñó nada.

Los científicos se han aferrado durante mucho tiempo a esta teoría. De hecho, los globos oculares se mueven de manera diferente durante el sueño REM, como si el durmiente estuviera siguiendo la escena. Esto llevó a los investigadores a creer que es en ese momento cuando soñamos y prestamos atención a lo que sucede como en la realidad. Pero esta teoría fue destruida por nuevos hechos que los científicos descubrieron después de una serie de experimentos.

Se realizaron experimentos específicos en gatos y monos durante el sueño REM y se registró cuidadosamente los movimientos oculares de alta resolución. Aparentemente, los movimientos oculares durante el sueño REM eran independientes de los movimientos oculares que estos animales usaban para ver escenas visuales mientras estaban despiertos.

Si vemos sueños todas las noches, surge la pregunta: ¿por qué son necesarios? ¿Tienen información importante? ¿Se pueden descifrar? ¿Si es así, cómo?

De hecho, incluso el sueño más pequeño puede traer un mensaje muy importante a una persona. Los sueños son señales que nos indican lo que nos está pasando en este momento: con nuestro cuerpo, con nuestra vida emocional, y en general, con lo que está pasando en nuestra vida.

Resulta que los sueños no son solo un mundo irreal e inexplicable en el que nos sumergiremos todas las noches. Por ejemplo, en los sueños, el cuerpo advierte de enfermedades próximas que permanecen sin ser detectadas. El psiconeurólogo soviético Vasily Nikolayevich Kasatkin realizó el primer estudio a gran escala sobre este tema. El científico pasó 30 años recolectando sueños y derivando patrones. Abandonó los símbolos ocultos y los reemplazó con hechos basados en la ciencia. Resulta que nuestro cuerpo puede señalar una enfermedad inminente mucho antes de que aparezcan los primeros síntomas. Y envía estas señales a través de los sueños.

Hay ciertos signos de que una patología o una determinada enfermedad puede manifestarse en un sueño. Hay estudios que avalan esto.

Según ellos, las personas con indigestión suelen soñar que han comido alimentos en mal estado. En caso de enfermedades respiratorias, el escenario es de asfixia.

Pero esto no quiere decir que los sueños sean una panacea para el diagnóstico, y el mismo se pueda hacer a partir de los sueños. Este absolutamente no es el caso. Los sueños son un método, una herramienta que, junto con otras herramientas de investigación, permiten ver el problema de manera más completa y amplia. Pero a veces el análisis de los sueños de los pacientes se convierte en una parte muy importante de la observación y el tratamiento médico.

Como lo muestran los estudios de pacientes con cáncer, los sueños indican mejoría o deterioro cuando el equipo de diagnóstico aún no lo ha señalado. Esto significa que el mismo tratamiento de quimioterapia debe programarse o cancelarse para evitar una sobredosis.

Mensajes del más allá

Pero ¿qué pasa con los llamados sueños proféticos? ¿Cómo interpretar los sueños creativos cuando la inspiración o las soluciones repentinas a los problemas más difíciles visitan la noche? No tienen nada que ver con las enfermedades. La historia está llena de cientos de casos en los que los mayores descubrimientos sucedieron en sueños.

Según la historia, los sueños proféticos han cambiado el curso de los acontecimientos más de una vez.

En 1812, el mariscal de Napoleón, el príncipe Eugenio de Beauharnais, gobernador de Italia, dirigió las tropas francesas cerca de Moscú y acampó cerca del monasterio. Esa noche soñó con un anciano con una capa negra y una barba gris, diciendo que, si el príncipe podía evitar que los soldados registraran el monasterio y la iglesia, entonces no le ocurriría ningún daño y regresaría a casa sano y salvo. A la mañana siguiente, el mariscal formó un ejército y les prohibió entrar en el monasterio. Él mismo asistió a la iglesia local. Se sorprendió cuando entró en el templo y vio la tumba y la imagen del anciano. Resultó ser San Sava, el fundador del monasterio. El príncipe luchó en todas las batallas de las Guerras Napoleónicas, pero no resultó herido en ninguna de ellas. Y tal como predijo el anciano, regresó vivo a su ciudad natal. Incluso después de la caída de Bonaparte, superó todas las dificultades, aunque otros mariscales del ejército fueron asesinados.

Es difícil para los científicos dar una explicación científica a tales sueños, pero fueron los hechos inexplicables los que en un momento los obligaron a estudiar este misterioso fenómeno en detalle.

Los científicos no niegan la existencia de los sueños proféticos, aunque tampoco tienen prisa por considerarlos desde un punto de vista científico. Los psicólogos dividen los sueños proféticos en varias categorías.

A veces sucede que una persona predice eventos futuros de manera muy correcta y competente en un sueño. Puede analizar y comparar hechos. En general, el sueño es un trabajo activo para nuestra psique.

Retratar situaciones controvertidas relacionadas con alguien es otra función de los sueños. El cerebro trata de calcular todos los escenarios del desarrollo de eventos para prepararse para cualquiera de ellos en la realidad.

Pero no recordamos todo el sueño. La mayoría de las veces solo recordamos una pequeña parte de ella. Sucede que en realidad la situación se desarrolla exactamente de la misma manera que en la misma parte del sueño que recordamos: entonces surge el sentimiento de un sueño profético.

Otra categoría, otro ejemplo: Una persona está tan impresionada por su sueño que inconscientemente comienza a construir escenarios para su vida para que su sueño se haga realidad. Ejemplo: Un hombre sueña con un amigo que no ha visto en años. ¿Y por qué soñó con este amigo? E inconscientemente comenzó a visitar lugares donde se comunicaba con amigos, donde vivía, tal vez vivía antes, tal vez ahora, entonces la posibilidad de encontrarse en la realidad aumentó, y realmente sucedió.

Otro dato curioso: según las estadísticas, los sueños se hacen realidad con mucha menos frecuencia. Lo más probable es que esto se deba al hecho de que en un sueño una persona experimenta situaciones de "carga" en su mayoría negativas. Se ha determinado que las probabilidades de tener un sueño profético son de aproximadamente 1 en 22 mil. Esto significa que tiene la garantía de ver al menos un sueño hecho realidad cada 60 años. Sin embargo, los sueños proféticos aparentemente permanecerán para siempre fuera de la ciencia oficial. Al menos hasta que los investigadores logren crear un dispositivo que pueda grabarlos y leerlos.

Hay otros ejemplos de sueños reveladores, como la famosa historia de la tabla periódica vista en un sueño y el descubrimiento de la fórmula del benceno de Kekulé; aunque no hay evidencia documentada de que Mendeleev haya tenido tal sueño. Nadie sabe de dónde viene, pero el mito aún existe.

Y, sin embargo, los investigadores no pueden negar por completo la presencia de sueños proféticos en nuestras vidas. Por ejemplo, el artista Konstantin Korovin soñó con la muerte del cantante Fyodor Chaliapin. En él, Chaliapin se le apareció y le pidió ayuda persistentemente para quitar la pesada piedra que presionaba su pecho. Korovin trató de ayudarlo, pero fue en vano. La piedra parecía estar firmemente adherida al pecho del maestro. Y dos semanas después, el gran bajo moría en París. El propio Korovin sobrevivió solo un año del gran cantante y su sueño profético.

Personajes históricos famosos utilizaron el poder del sueño no solo con fines proféticos. Salvador Dalí, por ejemplo, representó las tramas de sus sueños en sus lienzos. Para recordar sus sueños fantasmagóricos, utilizó una técnica especial:

"Después de una cena copiosa en el verano, cuando estés exhausto, siéntate en una silla incómoda, pon algún tipo de recipiente de metal (cubo o palangana) en tu mano y sostenlo. Comienzas a quedarte dormido, te vuelves suave, tienes un sueño, lo dejas caer. Te despiertas, hay una imagen". Pero esto, por supuesto, es un enfoque interesante, pero, sin embargo, funciona.

Los estudios científicos demuestran que no hay nadie que no pueda soñar. Hay una historia impresionante de cómo los sueños se convirtieron en herramientas de inspiración creativa. Estos hechos también muestran que los sueños hablan un lenguaje metafórico y simbólico universal. Cuando hacemos el esfuerzo de recordar, registrar y estudiar nuestros sueños, a menudo tenemos percepciones sorprendentes y una comprensión más consciente de las emociones que nos molestan.

Kekulé, quien descubrió la molécula de benceno en forma de anillo cuando soñó con una serpiente que se mordía la cola, aconsejó una vez a sus colegas: "¡Señores, aprendamos a soñar!".

Al final de su vida, cuando le preguntaron a Albert Einstein cuándo y dónde pensó por primera vez en la idea de la relatividad, respondió que recordaba haber tenido un sueño en su juventud. En dicho sueño viajaba en trineo. El trineo aceleró, moviéndose más y más rápido hasta que alcanzó la velocidad de la luz, y luego las estrellas comenzaron a girar en asombrosos patrones, deslumbrantes colores, maravillándolo con su cambiante belleza y poder. Concluyó que, en muchos sentidos, toda su carrera científica puede verse como otro reflejo de este sueño.

Otra hermosa historia de innovación tecnológica inspirada en un sueño es la historia de Elias Howe, quien inventó la máquina de coser en 1844. Howe casi sufre un ataque de nervios mientras intentaba inventar una máquina de coser. Se queda dormido en su escritorio y tiene una "pesadilla" en la que los caníbales lo persiguen por la selva africana. A pesar de sus esfuerzos, no puede deshacerse de ellos. Lo agarran, lo atan, lo llevan a su pueblo, lo arrojaron a una olla de agua y lo disponen para hervirlo vivo. Cuando el agua comenzó a hervir, las ataduras se aflojaron y logró liberar sus manos. Trató de salir del caldero, pero cada vez que se agarraba del borde, los nativos lo empujaban hacia adentro con lanzas afiladas.

Howe despertó de este sueño en un estado de gran ansiedad, pero una parte de su mente, libre de las emociones de la experiencia, lo incitó: "¿Por qué todas las lanzas tienen un agujero?". Finalmente, Howe se dio cuenta de repente: "¡Un agujero en la punta! ¡Agujero de punta! ¡Eso es todo!" Si mueve el orificio de la aguja a través del cual pasa el hilo hacia abajo en el punto, entonces es relativamente fácil crear una máquina que empujará el hilo a través de la tela, lo envolverá alrededor de otro hilo y lo sacará nuevamente, todo esto muy rápida y eficientemente.

Desde entonces, éste se ha convertido en el principio de diseño básico de todas las máquinas de coser. Hoy en día, la mayoría de la gente usa ropa cosida a máquina que fue inventada en un sueño.

Un estudio del papel de tales sueños en la cultura mundial desde los tiempos más antiguos hasta el hoy muestra claramente que los sueños no son tiempos muertos y sin sentido. Siempre han servido como estímulo para la creatividad humana y el autoconocimiento. Los sueños también se han visto tradicionalmente como un medio para revelar y comunicarse con la "voluntad divina". Todas las religiones del mundo tienen tradiciones antiguas de trabajo de los sueños entretejidas en sus textos sagrados e historias orales. Un análisis de estas tradiciones y una comparación de los sueños conocidos de la historia con nuestros sueños muestran que todos los sueños tienen un lenguaje universal de metáforas y símbolos.

Capítulo 6
Comprender y manipular
los sueños

La idea de programar los sueños e incluso controlarlos parece provenir del reino de la imaginación. Mientras tanto, los "sueños lúcidos" son practicados activamente por los médicos y aquellos que simplemente quieren experimentar sensaciones absolutamente increíbles al despertar de un sueño.

Un sueño lúcido es un sueño en el que el durmiente es consciente de que está soñando. Por lo tanto, el contenido del sueño lúcido puede ser influenciado a su gusto. Todas las personas son capaces de tener sueños lúcidos, pero pocos lo hacen regularmente. Aquellos que meditan a menudo, en particular, tienen sueños lúcidos con más frecuencia que otros.

La práctica de los sueños lúcidos realmente existe. Esta es una dirección separada. Una dirección muy interesante. Hasta ahora, los sueños lúcidos siguen siendo un misterio, a pesar de que se ofrecen algunas ideas, posibles explicaciones. Todavía, mucho no está claro para nosotros, y, por lo tanto, esta área especial de trabajo de nuestra psique debe abordarse con mucha cautela, ya que, por ejemplo, hay casos en que los intentos de practicar con sueños lúcidos exacerban la patología mental, las psicosis, etc.

El término "sueño lúcido" fue acuñado a principios del siglo XX por el psiquiatra y autor holandés Frederik van Eeden. En 1913, presentó un informe a la

Asociación para la Investigación Psicológica en el que informó de 312 sueños lúcidos que tuvo entre 1989 y 1912. Posteriormente fueron descritos por Carlos Castaneda y el psicofisiólogo Steven Laberge en la segunda mitad del siglo XX. Los investigadores hasta ahora no han podido distinguir los sueños lúcidos de los pacientes de los sueños normales. Al mismo tiempo, la ciencia no puede ignorar los informes muy claros y detallados de esta condición por soñadores experimentados, incluidos los propios científicos.

Aprender a tener sueños lúcidos

"Sueño iluminado" es un término acuñado por Frederick Van Eyden para describir los sueños especiales que tuvo en el transcurso de los catorce años desde 1898 hasta 1912.

El sueño iluminado es cuando una persona sabe con seguridad que está soñando. Tiene acceso a la memoria de su vida real, puede evaluar sobriamente situaciones y tomar decisiones conscientes. Muchos desarrollan deliberadamente esta facultad del sueño consciente y descubren, como los Senoi, que si se domina la situación mientras se está dormido, hará lo mismo en la vida real.

Hay varias formas de aprender a tener sueños lúcidos. La señal más importante es que durante el sueño el soñador es consciente de que está soñando. Esto es importante porque si está angustiado y le roban su automóvil, por ejemplo, puede trabajar para despertarse y sentirse aliviado sabiendo que solo fue un sueño. Una técnica para obtener esta experiencia es hacerse la siguiente pregunta regularmente a lo largo del día: "¿Estoy despierto o soñando?" Esta pregunta, que uno entrena para responder en el estado de vigilia, también aparece en el sueño y luego puede conducir a un sueño lúcido.

Otra técnica: concéntrese en cosas que solo funcionan en sus sueños. Entonces puede intentar usar su poder psíquico para levitar un objeto como una almohada o una silla. Practíquelo el primer día para que sea más probable que sueñe con ello. Esto sucede automáticamente durante el sueño. Si ve que se levanta el objeto, sabrá que está soñando. Su sueño se convierte en un sueño lúcido. También es posible alcanzar espontáneamente el estado de sueño. Puede darse cuenta de que está soñando cuando se da cuenta de la irrealidad del sueño durante el sueño.

Para qué sirven los sueños lúcidos

La investigación sobre los sueños lúcidos y sus aplicaciones aún está en pañales. Se los suele usar para curar pesadillas. En algunos casos, el soñador podría darse cuenta de que su pesadilla actual era solo un sueño. Esto les permite avanzar en la búsqueda de sus sueños en una dirección positiva.

Otros grupos de investigación intentan comunicarse con un soñador en su sueño lúcido por medio de movimientos oculares. La ciencia del deporte también está interesada en los sueños lúcidos. Así, en el marco de los estudios, ha sido posible entrenar en sueños para deportes físicamente exigentes como el snowboard o el skateboarding. Por lo tanto, tenemos curiosidad por ver en qué direcciones oníricas nos llevará el sueño lúcido.

Los practicantes dicen que, en el estado de fase, las personas se sienten exactamente como se sienten en la realidad, con solo unos pocos detalles que indican que están soñando.

Entonces, ¿cómo reconoces un sueño? ¿Cuál es la diferencia entre la realidad de los sueños y la realidad de la vigilia? ¿Cómo darse cuenta de que ha despertado dentro del propio sueño? Hay muchas prácticas: chamánicas, prácticas de yoguis tibetanos, y prácticas desarrolladas en la sociedad occidental a finales del siglo XX. Pero en general, todos se reducen a los mismos marcadores.

En un sueño, el reloj no funciona correctamente. Los instrumentos musicales no se pueden afinar en un sueño. Ningún mecanismo funciona en los sueños. Bueno, así recordamos las pesadillas de la infancia: viene un ladrón, tratamos de cerrar la puerta, pero no podemos. ¿porque? Porque no hay cerradura en la puerta de los sueños. Solo el aspecto de la cerradura, no la cerradura en sí. Por lo tanto, no se puede cerrar.

Los maestros del sueño lúcido dicen que, si se siguen reglas claras en el estado de sueño, los soñadores siempre tienen consecuencias claras por sus acciones. Por ejemplo, si sueña con girar a la izquierda todo el camino alrededor de todos los obstáculos a la izquierda, comenzará a llover o tendrá una visión de un pantano, un arroyo o un lago. Por el contrario, si sigue girando a la derecha, la persona se despertará. Cuanto más se mueve el soñador hacia la derecha, más cerca está de despertar. Los soñadores experimentados no solo llevan diarios de sueños (esto, hay que decirlo, es un requisito previo para entrenar la comprensión y leer los signos de los sueños), sino que también hacen sus propios mapas.

Si decimos: "Soñamos con una tienda de abarrotes que está ubicada frente a nuestra casa, una casa de ensueño", entonces si lo escribimos (nuestro sueño), si lo dibujamos, ¿dónde está ubicada esta tienda, en el próximo sueño, cuando lleguemos a la misma calle, veremos esta tienda en el mismo lugar, ¿por qué?

Porque lo estabilizamos. Como lo describimos, lo arreglamos. Mapeamos un área específica en el espacio y se estabilizó. Estable no solo para nosotros, sino también para los demás que vienen por la calle. Los expertos creen que absolutamente todos, sin excepción, pueden tener sueños lúcidos. Solo necesitan seguir reglas simples, entrenar su concentración y comprender las leyes de la existencia en el mundo de los sueños. Los practicantes del sueño lúcido llaman a este proceso un "control de la realidad".

Antes de encender la luz, de hecho, cuando entramos en nuestro apartamento, tocamos el interruptor y nos damos cuenta de que la encendimos. Solo una acción mecánica y se enciende. Un segundo de conciencia. Luego presionamos el botón y vemos si se enciende la luz. Si enciende, esa es la realidad, porque en realidad sucede más a menudo. Pero cuando no enciende, nos preguntamos: "¿Es un sueño?" Probamos la realidad en otro objeto, como mirar un reloj para ver cuánto tiempo está mostrando. La técnica del sueño lúcido no es solo una práctica espiritual para comprenderse a sí mismo. Los psicoterapeutas lo utilizan de forma muy activa para tratar fobias y adicciones. Los médicos están convencidos de que los sueños pueden ayudar con algunos problemas psicológicos, porque en los sueños no tenemos miedo a las fallas y fracasos.

Aquí podemos jugar con cualquier situación que nos preocupe y abordarla desde todos los ángulos posibles. Algunos psicoterapeutas van más allá del método tradicional de los sueños lúcidos y utilizan técnicas similares para entrenar las habilidades motoras.

El psicoterapeuta alemán Paul Tolle trabaja especialmente con competidores alemanes de esquí sobre nieve, donde se producen los niveles más altos de lesiones. Enseñó a los atletas a soñar y practicar técnicas mientras dormían con una mejor calidad y significativamente menos lesiones, logrando notables resultados en la realidad

Pero a pesar de lo atractiva que puede ser la idea de una presencia consciente en el mundo de los sueños, los científicos y los maestros espirituales dicen: para los que no están preparados, la fase de los sueños está llena de peligros y maravillas.

Es más, dicen los expertos: la fase es psicológicamente adictiva. En algunos casos, conducen a la desconexión total de la realidad. Es más interesante para una persona existir en el mundo de los sueños que en nuestra vida cotidiana. (La película "Origen" con Leonardo DiCaprio)

En varias culturas, esta práctica está permitida en cualquier momento solo por aquellos que están preparados, que han explorado varios métodos de uso de sus mentes conscientes y subconscientes, y que están íntimamente familiarizados con los estados profundos de meditación. Si bien la idea de los sueños lúcidos sigue siendo una fantasía para muchos, los empresarios y científicos están haciendo realidad el sueño. Desde hace varios años, han aparecido en el mercado dispositivos que pueden proyectar los sueños que una persona quiere ver, aunque no sea capaz de dominar el sueño lúcido. El estudio de la percepción de los sueños ya está en marcha. Se basan principalmente en ciertos reflejos condicionados, la producción de ciertos sonidos o luces u olores. Entonces hay una especie de reflejo condicionado que conecta un sonido, color u olor con algo con lo que quieres soñar. Luego, el dispositivo envía estas señales al durmiente durante el sueño (en principio, podría rastrear en función de alguna actividad motora que ocurra allí, etc.). Actúan como un disparador que nos hace soñar con las cosas que asociamos con la señal cuando estamos despiertos. Aunque esto no es un resultado al 100%.

Los investigadores no se detienen ante la posibilidad de programar el cerebro para ciertos sueños. Una increíble investigación ya está en marcha. Los científicos están tratando de desarrollar un programa que pueda leer las imágenes que recibe nuestro cerebro. Los primeros resultados exitosos ya se han logrado en California.

Los neurocientíficos pudieron reproducir imágenes visuales que aparecían en sus mentes mientras miraban videos seleccionados al azar. Esto significa que no está lejos el día en que podamos grabar nuestros sueños como una película y verlos durante el día y analizar los mensajes que nuestro cuerpo nos está enviando.

Trabajar con sueños

El sueño es un fenómeno humano universal independientemente de la edad, el sexo, la raza, la clase social, la religión, las creencias políticas y culturales, las circunstancias sociales e históricas e incluso la ausencia de trastornos mentales y emocionales graves. Todas las personas sueñan lo mismo, y como todos los ven, cualquiera que se tome el tiempo de recordarlos y trabajar en ellos puede acceder a la energía de sus impulsos creativos. Cuando trabajamos para recordar y escribir nuestros sueños, explorar y expresar sus imágenes y energía, casi siempre conduce a una percepción sorprendente, una percepción creativa y una conciencia más clara de nuestra ansiedad. Los sueños tienen un poder transformador y pueden nutrirse y desarrollarse prestando atención y trabajando individualmente o en conjunto.

Escenario para recordar sueños

Permítase escribir sus sueños en un diario especial o general (si tienes uno). Antes de ir a dormir, dígase a sí mismo: "Lo primero que hago cuando me despierto es escribir lo que vi en mi sueño", y hágalo. Prepare un bolígrafo o un lápiz, mantenga un diario junto a su cama y abra la página que desee. Si necesita anteojos, por favor téngalos listos. Tan pronto como se despierte, escriba todo lo que pueda recordar. Incluso si es solo una sensación o sentimiento pasajero. Incluso si es solo una frase corta como "Estoy en el pasillo". No escuche las voces internas que le dicen: "No recuerdas demasiado sobre lo que escribir". Esta es su voz interior crítica hablando. Tal vez en el momento en que su mano muestre las palabras "Estoy en la hierba", automáticamente aparecerán algunos recuerdos de esa hierba y lo que sucedió allí. Si no recuerda más palabras, no regañe a su inconsciente, al contrario, agradézcale y pídale que la próxima vez logre recordar más.

Aunque no le queden recuerdos, póngase cómodo y comience a escribir: "Me desperté. No recuerdo ningún sueño. Siento esto y aquello..." Y más en la misma línea. Tarde o temprano, si se apega a esta regla, definitivamente algo comenzará a venir a su mente.

Hasta que haya adquirido la experiencia de recordar los sueños, haga ese ajuste antes de acostarse. Si al mismo tiempo se configura para llamar a alguien inmediatamente después de despertarse, o verificar si su hijo adolescente está en casa, o sacar el bote de basura, lo más probable es que cuando se despierte, realice exactamente estas necesarias y útiles. acciones, y sus sueños se disolverán rápidamente.

Conversaciones con sueños perdidos

Primero hable con su sueño perdido. Dígale cómo se siente acerca de no poder recordarlo. Dígale lo que quiere de él.

Ahora responda como si fuera un sueño. Es posible que desee poner excusas culpando al durmiente, diciéndole que no recordará, etc. Deje que el diálogo siga su curso y cambie los roles varias veces.

El significado metafórico del sueño

Si después de tratar de encontrar el significado literal de un sueño no obtiene nada, debe buscar su significado metafórico.

Se puede pensar en los sueños como registros visuales utilizados por nuestras mentes. Tales transcripciones son siempre personales y únicas. Tenga cuidado con los terapeutas, amigos, cónyuges e intérpretes de sueños "profesionales" que tratan de explicarle lo que significan sus sueños para usted. Por supuesto, escuche a todos y tal vez alguien le aporte algo interesante. Pero rechace cualquier explicación que no se ajuste a su criterio. Solo usted puede crear e interpretar sus propios sueños.

Aquí hay algunos consejos para ayudarlo a encontrar las llaves de sus sueños. Según Fritz Perls, cada parte del sueño es representativa de alguna parte de la personalidad que podría estar rechazando. Por lo tanto, analice el papel que cumple cada persona, cada objeto, cada elemento en su sueño.

Muchas veces los sueños son como juegos de mesa con palabras que los participantes hacen pantomimas para que la audiencia las adivine. Suponiendo que la palabra escogida sea abstracta (honor, verdad, valentía, etc.), imagine los extraños gestos que debería hacer para que la otra persona entendiera el mensaje. Pues, a veces pasa lo mismo con los sueños donde la mente del durmiente quiere ilustrar un mensaje y utiliza una serie de imágenes que al soñador le parecen locas o absurdas. Es importante percibir cómo es vivir en un sueño. Si en el sueño se titubea o molestan las críticas, es posible que el soñante en su vida diaria, se muestre con una personalidad dubitativa o temerosa, y en el fondo a él no le agrada, por lo que en el sueño vuelve a repetir esas escenas, para ver si puede trabajarlas y encontrarle una solución. Es el mismo mecanismo del trauma.

Ejercicio "Trabajar en el sueño"

Conviértase en la imagen (objeto, elemento) de sus sueños. Ahora deje que hable por sí mismo.
¿Qué estaba haciendo en ese sueño?
¿Cómo se sentía?
¿Cómo se relaciona con otros personajes u otros objetos en el sueño? ¿Qué es lo que quiere en el sueño?

Interactuar con otros personajes o elementos oníricos.

Es útil hacer este ejercicio en voz alta. Es bueno tener una audiencia: su terapeuta o un amigo en cuya objetividad confíe. Le hablarán de rasgos de comportamiento que quizás no hayas notado: cómo cambia la intensidad y el timbre de su voz, cómo es su postura, cómo arruga el pañuelo y aprietas los puños, el tono general de su discurso. Sin embargo, puede practicar en silencio. Entonces lo mejor es grabar la conversación. En cada hoja de papel, puede anotar todas las asociaciones que cree que vinculan parte de su sueño con su vida cotidiana, desde los libros que lee, programas de televisión o las conversaciones de ayer que no tuvo tiempo de "asimilar". Por ejemplo, es posible que sueñe que come un helado, y justamente ese día se le había antojado uno, pero no tuvo tiempo de comprarlo. Cuál de estas asociaciones proporciona la clave para la interpretación correcta de un sueño generalmente puede determinarse por un sentimiento interno específico: "¡Ajá! Eso es..."

¿Cómo saber por dónde empezar a trabajar en un sueño o qué elementos utilizar para identificarse?

No hay reglas aquí. Puede identificarse con cualquier elemento de sus sueños. Asegúrese de incluir los episodios más brillantes y emocionantes en una serie de elementos oníricos con los que intentará identificarse.

Aquí hay una lista de elementos oníricos que puedes identificar:

A.   Sea el paisaje o todo lo que lo rodea: la casa, el aire, la lluvia, el desierto.

B. Sea todas las personas que vea en sus sueños. Si son extraños, fíjese si le recuerdan a alguien importante para usted.

C. Sea cualquier cosa que conecte algo: un puente, un teléfono, una carretera, un camión.

D. Sea cualquier objeto inusual que aparezca en su sueño: un cinturón de seguridad que esté abrochado en el exterior de su automóvil por alguna razón; gato volador; un objeto que mágicamente desaparece y reaparece.

F. Conviértase en cualquier objeto interesante o misterioso: un paquete envuelto, una carta sin abrir o un libro sin leer.

G. Cualquier objeto o fenómeno natural con energía fuerte, como mareas, automóviles, generadores.

H. Conviértase en cualquier objeto de culto que aparezca en el sueño, desde cruces hasta estatuas de Buda.

I.   Ser un objeto (o persona) cuyo lado derecho sea diferente del izquierdo. Conviértase primero en la mitad derecha, luego en la izquierda. Trate de tener un diálogo entre ambas mitades.

J. Se convierten en dos cosas (o personas) muy diferentes, como una alfombra nueva y una alfombra vieja, una mujer joven y una anciana.

K. Ya sean elementos extraviados o piezas faltantes. Puede ser algo que haya perdido en sus sueños y está buscando. Puede ser una parte faltante de una señal de tráfico, o la palabra a medio escribir en un cuaderno.

A veces ni siquiera se da cuenta de que faltan ciertos elementos importantes en sus sueños. En este caso, puede ser útil que su terapeuta o amigo esté presente mientras sueña.

Preste atención con todos los modismos y juegos de palabras. Si vio pan en un sueño, entonces tal vez este sea un sueño de un trabajo nuevo y bien remunerado que le daría un "pedazo de pan" confiable. O tal vez solo echó de menos a sus amigos con los que en el pasado compartió "el mendrugo de pan y aquel por la mitad". Estos son sus sueños y, por lo tanto, solo importan sus asociaciones.

Preste atención a cualquier número que aparezca en sus sueños. Puede ser el número de una casa, un número en una rueda de ruleta, la edad de una persona, el precio de un artículo, etc. Analice sus asociaciones con estos números.

Fíjese cómo se siente cuando se despierta. Este estado emocional, ya sea miedo o alegría, tristeza o ira, desesperación o confusión, es la mejor pista para desentrañar el significado del sueño.

Preste atención a los colores en sus sueños. ¿Recuerda algo especial sobre este o aquel color? Es posible que desee pintar ciertas partes de su sueño. Si hay un color inusual, intente determinarlo con mayor precisión.

Si el significado del sueño aún no está claro después de tal trabajo de interpretación, intente establecer un diálogo directo con él.

Pregúntese qué significa la información soñada para el desarrollo de su personalidad. Comience a escribir su propio libro personal de sueños donde puede anotar los símbolos de sus sueños y cuán especiales e importantes son para usted.

Pesadillas

Es especialmente importante trabajar las pesadillas. A veces son causadas por la enemistad entre diferentes partes de la personalidad. Si descubre cuál es el conflicto (baja autoestima, deseos de superación incumplidos, desconfianza etc.) que subyace como patrón de la pesadilla, y en estado consciente logra reconciliar y satisfacer esas necesidades de las partes en conflicto, (por ejemplo, entender que está bien tener celos, pero no de manera exagerada) habrá una liberación tremenda energía positiva que estará a su disposición.

A menudo, una persona se despierta de una pesadilla en el último segundo y se encuentra al borde de un acantilado con piedras volando de sus pies; o está atado a las vías y viene hacia él un tren expreso; o conduciendo un automóvil con frenos que no funcionan. Si esto le sucede, pruebe este truco: mantenga el sueño en mente hasta el final, luego continúe llevándolo a una conclusión lógica con la que se sienta cómodo. Esto es suficiente para que su mente sepa que ya no tiene miedo de ciertos eventos. La pesadilla se detiene.

El método del sueño Senoi

Si está teniendo una pesadilla y en medio del estado onírico de alguna manera se da cuenta de que solo es eso "un sueño", asegúrese de prolongarlo. No se diga a sí mismo: "Gracias a Dios, esto es solo un sueño". No se despierte. Mire directamente a la cara del peligro: un ladrón, un maremoto, un tigre, lo que sea. No huya. Si su oponente le ve lleno de fuerza y resistencia, puede retirarse y convertirse en un "tigre de papel". O tal vez tendrá que entrar en una pelea mortal con él. Y si esto sucede, sepa que puede llamar a sus amigos o a un hada para que lo ayude. (Después de todo, todo es posible en un sueño). Aún mejor, puede convertir a su enemigo en su aliado. Es muy importante que permanezca sano y salvo. Entréguese a la experiencia de tal lucha, sabiendo que nada realmente le amenaza. Puede aprender lecciones muy valiosas.

Esta técnica de procesamiento de sueños se llama "Senoica" en honor a una tribu malaya estudiada por Kilton Stewart y H.D. Nun en la década de 1930. Esta tribu tiene una filosofía de vida cooperativa, no hay delitos graves y se toman muy en serio sus sueños. Todas las mañanas en el desayuno, los adultos animan a los niños a hablar de sus visiones oníricas. Luego se les da consejos para la noche siguiente de cómo resistir los ataques de los demonios. Al mismo tiempo, se enfatiza que deben seguir adelante sin rendirte y pedir ayuda a sus amigos si es necesario. Se cree que, si el durmiente no logra derrotar a los espíritus malignos y convertirlos en aliados, provocará que más espíritus malignos se unan y la desafortunada persona se enfrentará a innumerables hordas de fuerzas hostiles. Si un niño sueña que se cae y se despierta antes de que termine la caída, la próxima vez que se encuentre ante una situación similar, se recomienda que descanse y trate de aprovechar al máximo el vuelo. "Las hadas de otoño te aman. Te invitaron a ir a la tierra de los elfos". Al niño se le enseñó a tratar de encontrar algo hermoso o útil en ese reino y traerlo de vuelta a su tribu. Podría ser un nuevo baile, música o instrumento. Entonces ese sueño, que comenzó con el dolor de la caída, se convierte en un vuelo milagroso en el que el niño descubre cosas nuevas.

Los tratamientos de los sueños senoianos eran en gran parte desconocidos hasta que en 1969 se volvió a publicar el artículo de Stewart. Los psicoterapeutas comenzaron a experimentar con este método y lo encontraron muy efectivo.

Sueños recurrentes

Cualquier sueño recurrente (a veces con algunas variaciones) indica que algo importante está inconcluso. Una vez que descifre el significado de este sueño y cualquier novedad en él, sabrá que la misma situación que "causó" este sueño se ha repetido en su vida real.

He aquí un ejemplo de un sueño que se repitió durante treinta y cinco años, contado en terapia. Todo comenzó cuando el soñador tenía catorce años e ingresaba a la escuela secundaria. A diferencia de la escuela primaria, la secundaria tenía un sistema de gabinete, es decir, cada lección se impartía en su propio salón. En esta escuela, las materias cambiaban todos los días, así que, si el lunes la primera lección era francés, la segunda inglés, la tercera geometría y la última historia, entonces el martes todo podría ser diferente: inglés, geometría, etc. El miércoles otro nuevo horario: geometría, historia, francés, inglés. ¡Todo estaba confuso! Por lo tanto, al horario de la semana lo escribió en varios cuadernos y lo pegó en el interior de la puerta del casillero para guardar cosas.

En el sueño original: "No puedo abrir mi casillero y todos mis cuadernos están ahí. No puedo recordar cuál es la siguiente lección, lo que significa que no sé a dónde ir. Me despierto en pánico".

Comenzando como un simple reflejo de la ansiedad causada por la transición a la escuela secundaria y la confusión con el horario, el sueño se fue complicando con los años y absorbiendo más y más tramas nuevas. Podía soñar que ya estaba en la universidad, y al final del semestre de repente recordó que se estaba inscribiendo en un curso inusual sobre Horace o Moliere (que nunca pensó estudiar en la vida real). Ella necesitaba encontrar urgentemente a alguien de su grupo y averiguar qué material estaba incluido para el próximo examen. Este sueño se convirtió para ella en una clara señal de que en la vida real se estaba involucrando en un negocio nuevo y complicado, asumiendo tal vez demasiado y, por supuesto, temiendo el fracaso.

Después de lo sucedido en el sueño anterior, la soñadora ya no sueña con un casillero cerrado en la escuela:

"Faltan dos días para el examen final. Necesito encontrar mi compañero de clase y estudiar u obtendré dos puntos en mi certificado. Fui a la sala de profesores para comprobar la hora y el número de sala, pero la sala de profesores está cerrada.... ¡No puede ser! En el momento en que me di cuenta de que era solo un sueño, me sentí feliz. Pensé: "Está bien, dame dos puntos porque ya tengo un doctorado y ya no tengo que preocuparme por mis calificaciones. Prefiero ir a la playa que estudiar para un estúpido examen de literatura francesa". "Voy a la playa, hago surf, luego me encuentro con amigos, ceno junto al fuego y disfruto".

Después de este sueño, los conceptos de "éxito" y "fracaso" fueron menos importantes para ella. La parte de su carácter que se preocupaba tanto por "lo que pensaría la gente" ya no la molestaba.

La fuente de los sueños

Puede aprender no solo a recordar los sueños, sino también a llamarlos a pedido. Si, digamos, no logró desentrañar el significado de un sueño, entonces puede pedirle a la Fuente de los Sueños que le envíe otro sueño que explique el primero. En este caso, así como al recordar un sueño, es necesario que antes de acostarte le de la siguiente configuración:

Antes de dormirse, dele la siguiente orden a su cabeza: "Mi sueño de hoy me explicará el significado del sueño de ayer. Lo escribiré tan pronto como me despierte". También puede pedir a la fuente de los sueños que le envíe sueños importantes o agradables. También puede comunicarse con ella para solicitar respuestas a preguntas específicas o ayuda para tomar una decisión específica. Los sueños voluntarios se practican desde la antigüedad en Grecia, Roma, Egipto, China, Irán e India.

Desde el siglo VI a.C. hasta el siglo VI d.C., el método de incubación del sueño se practicaba en Grecia y Roma, cuando las personas iban a lugares sagrados para recibir el sueño que necesitaban de Dios. Una persona podía pedir consejo divino sobre una cura para la infertilidad, o el diagnóstico y tratamiento de cualquier enfermedad. Se dirigía a uno de los muchos templos de Esculapio, donde, junto con los sacerdotes, participaba en cantos de oración, se abstenía de vino, mujeres y aquellos alimentos que, se creía, prevenían la aparición de sueños, realizaba abluciones rituales de limpieza. Luego, habiendo recibido su primera invitación divina para dormir, pasaba la noche acostado sobre las pieles ensangrentadas de ovejas y toros sacrificados en compañía de las serpientes sagradas del templo que se retorcían (aunque no eran venenosas). No es de extrañar que en esas circunstancias un hombre tuviera un sueño lleno de significado.

Se han encontrado numerosas curaciones a través de los sueños en la historia. En columnas de piedra encontradas en Epidauro (antigua Grecia), se conservan inscripciones sobre setenta enfermos y sus sueños, con los que fueron curados. En la antigua ciudad egipcia de Menfis, el siguiente letrero colgaba sobre la puerta de uno de los intérpretes de sueños: "Yo interpreto sueños. EL MANDATO ES DADO POR EL SEÑOR DIOS MISMO."

Los musulmanes tienen la tradición de usar inductores de sueños. Esta ceremonia se llama 'istikvara' y no se realiza en el templo. Una persona con un problema difícil primero recita una oración especial acordada por Mahoma y luego se acuesta y esperaba un sueño que responda a su pregunta o sugiriera una solución. Es lo que hacen los viajeros cuando se van de viaje, lo que hacen los escritores antes de empezar a escribir un libro y lo que hacen los políticos antes de tomar decisiones políticas importantes. Se informa que, en 1950, el Primer Ministro de Irán, Mohammed Mosaddegh, decidió nacionalizar la Anglo-Iranian Oil después de tal sueño. El espíritu radiante que apareció ante él en un sueño le dijo: "Ahora no es el momento de dormir, despierta y rompe las cadenas que atan al pueblo de Irán".

Sueños y personalidad

La individuación es un término acuñado por C. G. Jung para describir el proceso por el cual una persona se transforma en un ser único, se convierte en sí mismo, en quien realmente es. Para lograrlo, es necesario actuar en dos direcciones.

Primero, debe deshacerse de la ropa falsa de la persona (un término también acuñado por Jung para la fachada social externa, los roles que desempeña una persona).

En segundo lugar, debe aceptar las imágenes primordiales (o arquetipos) del inconsciente colectivo para reducir su influencia en su comportamiento. Estos son los mitos y símbolos que, según Jung, son universales para todas las personas, independientemente de su cultura y época histórica. A diferencia del inconsciente personal, cuyo contenido se realizó inicialmente, pero luego se olvidó o reprimió, los contenidos del inconsciente colectivo nunca han sido conscientes y adquiridos por una persona, no en el curso de la experiencia personal, sino recibidos como cualidades genéricas. Aquí hay ejemplos de imágenes arquetípicas: un niño eterno, una bruja, una madre, un héroe, etc. Además, una persona puede ver una figura mitológica en un sueño, sobre la cual no tiene idea. Por ejemplo, en una clase de sueños, una mujer contó un sueño sobre una maestra llamada Minerva.

Los psicoanalistas jungianos, con mayor frecuencia en personas maduras y ancianas, distinguen sueños especiales en los que aparecen varias etapas del proceso de individuación. El comienzo de tal proceso suele estar marcado por sueños de inundaciones, terremotos, catástrofes, etc., que reflejan simbólicamente la transformación de la psique que ha comenzado.

El concepto de la sombra no es en absoluto un descubrimiento del siglo XX o XIX. Incluso Platón en su ensayo "República" escribió: "Incluso en los más dignos de nosotros viven deseos monstruosos y completamente inmorales, que a veces se encuentran en nuestros sueños".

Para encontrar su sombra, según la terapia Gestalt, debe identificarse con cualquier imagen aterradora en su sueño (nosotros mismos la creamos mientras dormimos). Cualquier mal que la sombra haga en el sueño es obra nuestra. Se produce una extraña y deplorable transformación en la persona que no reconoce este mal como parte de sí mismo, de su mente, y continúa hipócritamente condenando dichas cualidades en los demás. La persona debe aceptar que esa "sombra" que condena y rechaza, es parte de él. Por eso soñamos que nos enfrentamos a un ladrón, pero ese ladrón es parte de nuestra personalidad real, porque muy dentro de nosotros también codiciamos lo que los otros tienen y que no podemos adquirir; y esta situación se refleja en los sueños. Creo que de eso se trata la fábula evangélica de "no resistir al mal". Una de las tragedias de nuestra historia es que aquellos que buscan la justicia social a menudo ven a los que están en el poder como enemigos y encarnaciones del mal. Pero cuando derrotan a sus enemigos y toman el poder ellos mismos, adquieren todas las características de los enemigos que antes habían condenado.

Su sombra puede ser su amiga, a quien secretamente desprecia o envidia. Esta es su otra cara. Si usted es una persona sexualmente liberada, alguien a quien considera puritano puede convertirse en su sombra. Si se es romántico e inquieto, entonces es muy probable que una persona aburrida que vive la vida prosaica de un funcionario de poca monta desempeñe el papel de su sombra para usted. Si se ha fijado voluntariamente una semana laboral de sesenta horas, entonces su sombra languidece en la fila del desempleo.

Los hombres pueden soñar con su ánima, el arquetipo de la feminidad inconsciente que se encuentra dentro de ellos pero que no se puede expresar. En las mujeres, el ánimus juega el mismo papel que la masculinidad inconsciente. El Animus puede aparecer en el sueño de una mujer como un extraño misterioso, un caballero de brillante armadura, Robert Redford o Paul Newman, y a menudo como un grupo de hombres.

Vea lo que el Anima o Animus está haciendo en sus sueños. Imagínese a usted mismo haciendo lo mismo. No podemos ser personas completas hasta que reconozcamos el derecho a representar la parte de nosotros que comienza como el sexo opuesto. Un hombre debe aceptar su ternura, cuidado, arte, y no tratar de proyectar estas cualidades en su ánima (y buscarla en vano en la vida real). Una mujer necesita abrazar su agresividad, lógica e inteligencia en lugar de buscar constantemente estas cualidades en su Animus y los hombres en su vida.

A medida que avanza el proceso de individuación, los símbolos de desarrollo pueden aparecer en un sueño: viajes, senderos, barrancos, rebaños a través de los ríos. En esta etapa, el sueño seguramente estará acompañado por imágenes de un "Viejo Sabio" o "Vieja Sabia". La aparición de estos arquetipos indica que estará casi listo para confiar en la voz de la sabiduría de su gurú interior y dejar de atribuir toda la sabiduría a las autoridades externas, ya sea Platón, Jesucristo, Swami Muktananda, Einstein o cualquier otro.

Finalmente, pueden aparecer sueños que simbolizan la energía pura o la unidad de toda la vida.

Sueño mandala

Un mandala es una figura perfecta, absolutamente equilibrada, con un centro especialmente marcado. Suele ser redondo, pero también puede ser cuadrado. Los mandalas se utilizan como objetos de contemplación y están diseñados para alentar al espectador a poner el foco en el centro, que está separado de las partes periféricas de la figura.

Jung mostró gran interés por los mandalas y estudió su uso en diferentes culturas. Descubrió que sus pacientes a menudo tenían sueños con mandalas en el momento en que su yo se convertía en el centro de una psique integrada, y viceversa, en el momento del trastorno mental y la desorientación, cuando se necesitaba la autocuración.

"Estoy caminando por el bosque y llego a un área despejada muy grande, de forma cuadrada, en cada rincón de la cual crece un pino alto. Cuando entro en esta área, paso por encima de un gran tronco que se encuentra en mi camino. Observo que este tronco está conectado a otros dos, y estos, a su vez, con dos más y juntos forman un pentágono. En el centro de este pentágono hay un pequeño círculo de adoquines oscuros, algunos de ellos tienen formas extrañas. Entiendo que este lugar fue alguna vez un incendio. Me acerco para ver si quedan brasas. Oigo un crujido detrás de mí y sé que es un bosque en llamas. Miro a mi alrededor y veo llamas amarillas y rojas por todas partes que ya han engullido todo menos esos cuatro pinos. Sé que debo pararme en el círculo de piedra, en el centro de la zona segura del pentágono, hasta que el fuego se apague".

La ciencia detrás del control de los sueños

Imagine poder elegir las cosas con las que sueña: control total, la capacidad de volar, viajar en el tiempo, hacer cualquier cosa que pueda imaginar. Los investigadores australianos parecen haber encontrado una manera. Una idea emocionante, pero que tendemos a relegarla al ámbito de la ciencia ficción. Pero esta situación no es tan extraña. Algunas personas sabrán esto porque pueden darse cuenta en sus sueños de que están soñando. Los sueños lúcidos también deben usarse para este propósito. Primero, una pequeña decepción: solo alrededor de la mitad de la población tiene sueños lúcidos.

Investigadores de la Universidad de Adelaide en Australia analizaron más de cerca esta pregunta. Quisieron saber cómo podemos aumentar nuestras posibilidades de tener sueños lúcidos.

Los investigadores dirigidos por Denholm Aspy en la Universidad de Psicología realizaron tres pruebas diferentes en 169 voluntarios. Cada persona recibió un cuestionario y un diario para registrar sus experiencias oníricas durante la semana. Debían usar uno o más métodos de inducción trifásica durante la próxima semana.

Una técnica llamada prueba de realidad era un ejercicio en el que se pide a los sujetos que examinen su realidad de vigilia. El objetivo es determinar si está despierto o soñando.

En una segunda técnica, se pidió a los sujetos que se despertaran brevemente después de cinco horas de sueño y luego se volvieran a dormir para entrar más rápidamente en un estado de sueño que es más propenso a soñar: el sueño REM.

Un tercer método es la denominada técnica MILD (literalmente: sueño lúcido inducido por la memoria), en la que los sujetos se despiertan después de cinco horas de sueño, pero repiten una frase antes de quedarse dormidos: "Si hago esto la próxima vez que sueñe, recordaré que estoy soñando". En la primera semana de prueba, antes de que se usara cualquiera de los tres métodos, solo alrededor del 8 por ciento de los participantes tenían sueños lúcidos. Después de la segunda semana de pruebas, apareció una imagen diferente:

El grupo que hizo la técnica MILD tenía más probabilidades de tener sueños lúcidos. La tasa de sueños lúcidos aumentó a un asombroso 46%.
La técnica MILD aborda lo que llamamos 'memoria prospectiva', la capacidad de recordar hacer algo en el futuro.

El principio funciona así: cuando repite la frase de que recordará su sueño, su mente forma una intención de recordarle que está soñando, lo que a su vez conduce a un sueño lúcido. "Es más probable que los sueños lúcidos ocurran en las últimas horas de sueño, por lo que es mejor hacer la técnica MILD después de cinco horas de sueño y expresar sus intenciones antes del sueño profundo". Denholm Aspy,

Sorprendentemente, aquellos que usaron la técnica e interrumpieron su sueño no estaban más cansados de lo habitual al día siguiente, por lo que la técnica del sueño no afectó la calidad del sueño. Aquellos que usaron las tres técnicas dijeron que vieron claramente alrededor del 17 por ciento de sus sueños.

El método menos alentador de sueños lúcidos es la verificación de la realidad. El tiempo entre la verificación de la realidad y el momento en que nos quedamos dormidos es demasiado largo, explicaron los investigadores.

Según los autores del estudio, estos hallazgos dan a los investigadores otro gran paso adelante en el desarrollo de técnicas efectivas para inducir el sueño lúcido. Por lo tanto, se pueden explorar sus beneficios.

"Esto se aplica, por ejemplo, al tratamiento de las pesadillas, pero también a la mejora de las capacidades físicas mediante la experimentación con sueños lúcidos". El 37% de las personas que tienen pesadillas relatan que sueñan con caídas. Esto lo convierte en una de las pesadillas más buscadas. También son frecuentes las pesadillas sobre sentirse acosado o no poder caminar.

Pero, ¿por qué soñamos tales cosas? Y, sobre todo: ¿Cómo nos deshacemos de estos sueños negativos?

Las pesadillas son sueños llenos de emociones negativas, principalmente miedo. Pero el disgusto, la vergüenza o la ira también pueden afectar las pesadillas.

Los sueños y las pesadillas a menudo ocurren durante el sueño REM. Entonces, principalmente en la segunda mitad de la noche, dicen los expertos. Si los sueños ocurren durante el sueño profundo, son menos vívidos y los sentimientos y las emociones son más difusos. Pero, ¿por qué recordamos algunos sueños y otros no?

A diferencia de cuando se está despierto, durante el sueño las regiones superiores del cerebro ya no están inundadas con los neurotransmisores norepinefrina y serotonina, que son importantes para cosas como nuestra atención y memoria. En cambio, algunos centros de procesamiento en la corteza cerebral operan independientemente de la entrada sensorial y las áreas utilizadas para el funcionamiento mental superior. Esta separación explica por qué los sueños a menudo nos parecen confusos, emotivos e irreales en retrospectiva.

Sin embargo, podemos recordar algunos sueños. Las mujeres son incluso mejores que los hombres. A veces incluso nos despertamos de las pesadillas. Si nos despertamos de un sueño, es un cambio de humor, un mensaje subconsciente de que todavía hay cosas que limpiar.

Por lo tanto, las pesadillas son mensajes de nuestro subconsciente. Freud lo dijo. No obstante, los científicos actuales no piensan mucho en las tablas de análisis prescritas que se supone explican nuestros sueños. ¿Perder un diente es una señal de la muerte inminente de un ser querido? Es gracioso. Pero los profesionales tratan los pensamientos y sentimientos esenciales del paciente en un sueño, ya que juegan un papel importante en la fase de vigilia.

Todos los sueños recordados tienen un significado. Sin embargo, no existe un símbolo estándar de interpretación de los sueños. Sólo el soñador mismo puede interpretarlos. Cuando un sueño se puede resolver, hay algo en la vida del soñante que se puede mejorar.

Aquí un cuestionario para comenzar un análisis del sueño:

• ¿Qué fue lo último que habló antes de dormirse?
• ¿Cuáles son los componentes principales de su sueño?
• ¿Qué apareció en el sueño?
• ¿Qué sentimientos dominaron el sueño?
• ¿Se siente de la misma manera en su vida de vigilia?
• ¿Cómo lidia con ese sentimiento negativo?

Para lidiar con las pesadillas se suelen usar dos métodos:

1. Terapia de reescritura de imágenes

La esencia de esta teoría es reflexionar sobre la pesadilla y cambiarla usted mismo. Por ejemplo, un paciente soñó que estaba rodeado de nubes oscuras. Eso cambió durante el día cuando comenzó a pensar en las amplias vistas de la playa. Sin embargo, ningún pensamiento mejoró la pesadilla. Por lo tanto, los pacientes deben visualizar un sueño cambiado positivamente todos los días. Los efectos se ven en 4 semanas.

2. Método de confrontación

También es posible llevar un diario de sueños. El objetivo es que los soñadores se enfrenten a sus miedos escribiéndolos, y no tratando de ignorarlos de su vida cotidiana. El miedo generalmente se mantiene porque la persona no lo quiere enfrentar. Si se lo evita no hay forma de experimentar que se lo puede enfrentar o vivir con él.

Por lo tanto, cualquier persona con pesadillas debe recibir un tratamiento activo. Se vuelven problemáticos cuando se convierten en una carga en nuestra vida diaria.

No todo el que ha tenido una pesadilla en algún momento tiene que hacer esto. Pero es aconsejable si la pesadilla afecta negativamente a toda su vida.

#####

www.ingramcontent.com/pod-product-compliance
Lightning Source LLC
Chambersburg PA
CBHW052144150726

48002CB00003B/1063